平凡社新書
974

日本の道化師
ピエロとクラウンの文化史

大島幹雄
ŌSHIMA MIKIO

HEIBONSHA

日本の道化師●目次

プロローグ……9

第一章　クラウンの歴史……15
クラウンの起源／近代サーカスの誕生とクラウン／最初のクラウン——グリマルディ
オーギュストと白いクラウン／大田黒元雄のグロック観劇記／クラウンの変貌
二一世紀のクラウン

第二章　なぜ日本では「ピエロ」が定着したのか……35
国語辞書におけるクラウンとピエロ／ピエロのルーツ——ペドロリーノ
ドビュローの登場／北原白秋の『思い出』／月とピエロ／現代語辞典におけるピエロ
チンドン屋の出現／嘆きのピエロへ

第三章　日本のクラウンの原像……67
ひょっとことおかめ／歌舞伎の道化たち／猿若から道化へ／三番叟と黒い翁
のろま／伊勢大神楽のチャリ

第四章　近代サーカスのクラウン……87
スリエサーカスと歌舞伎／チャリネの道化師ゴットフリー

クラウンに心を奪われた中勘助／日本における西洋道化師

第五章　美術に描かれたクラウン……103
展覧会『道化たちの詩』／三岸好太郎の道化師／イザコサーカスと日本人
大衆娯楽雑誌『ヨシモト』の道化師たち／クラウンを描き続けた岡部文明
カンバスの中の理想郷

第六章　クラウンの先駆者たち……125
エノケンのパントマイム／永田キングの身体性／ヨネヤマママコのクラウンマイム
ピエロのクリちゃん／ユキとカメ

第七章　道化の時代……147
山口昌男が火をつけた道化ブーム／『フェリーニの道化師』／日本初のクラウンフェスティバル
サーカスの危機の時代に

第八章　クラウンがやって来た！……163
リングリングサーカス／クラウンカレッジ・ジャパン――道化師養成専門学校の誕生
サーカスレストラン

第九章　ソ連から来たクラウンの衝撃……177
ミミクリーチ日本公演／ペレストロイカの寵児／ミミクリーチのクラウニング
国際クラウンフェスティバル／エンギバロフの伝説

第一〇章　劇場クラウンへの道……191
『ディミトリーのクラウンパフォーマンス』から『東京国際フール祭』へ
日本でクラウンを育てる／planBコメディナイト／マイムからクラウンへ
野毛大道芸フェスティバル／山本光洋と亀田雪人／クラウンYAMAの『雪の日』

第一一章　多様化するクラウン……209
クラウンカレッジ卒業生の三〇年／大道芸の道／ホスピタルクラウン
市民クラウンの養成／クラウン・アートアカデミー／「土曜日の天使達」

エピローグ……231

参考文献……242

すべてのクラウンに捧ぐ

プロローグ

いまから四〇年ほど前、私がソ連・東欧からサーカスや人形劇を招聘（しょうへい）する会社に入ってまもない頃だった。

ある人形劇公演のプログラムに原稿を書いていただいた演劇評論家の尾崎宏次さん（一九九九年死去）の世田谷のお宅に、出来上がったプログラムを持ってうかがった。いろいろ話をしているうちに、尾崎さんは私の大学での専攻がロシア文学で、ロシアアヴンギャルド演劇について卒論を書いたことを知って関心をもったようだった。そして突然、「君、クラウンのことをやってみないか？」と言われた。

クラウンが道化師を意味することは知っていたが、あまりにも唐突だったので、「えっ！」と言ったきり言葉をすぐに返せず、口ごもってしまった。

尾崎さんの数多い著作のなかで異彩を放っているのが、一九五八年に刊行された『日本のサーカス』だ。あとがきで尾崎さんは、この本を書くきっかけは、動物調教師でもあったクラウンのドゥーロフの墓が、ゴーゴリやチェーホフ、スタニスラフスキイの墓がある芸術家共同墓地にあったことに感銘を受けたからだとして、こう書いている。

私はそのとき、チェーホフやゴーゴリといっしょにこの土地に埋っているモスコー・サーカス創立者のことを想って、胸があつくなった。——これが、こういう本をまとめてみたいと思った私の直接の動機である。（『日本のサーカス』）

この時、尾崎さんは「僕にサーカスをやれとけしかけたのは林達夫さんなんだよ」と語りはじめた。

私は大学時代（早稲田大学第二文学部文芸科専攻だった）、メイエルホリドやマヤコフスキイをはじめとするロシアアヴァンギャルド演劇について卒論を書いた。露文科の水野忠夫教授の授業を聴講したのがきっかけだった。

卒論を読んだ水野先生は口頭試問の時（といっても飲み屋での話だが）、ぜひ研究を続けるよう、本格的に勉強するため露文科への学士入学を勧めてくれた。この助言で私のその後の人生は変わったと言ってもいい。

そしてその席で先生が熱心に勧めてくれたのが、林達夫と久野収の『思想のドラマトゥルギー』だった。さっそくこの本を読んだところ、すっかりうちのめされた。この本を読んで学問の愉しさと喜びを知ることになった。そしてこの本に出てくる本をかたっぱしから読むことになった。

その林達夫が尾崎さんにサーカスの研究を勧めたというのは実に興味深い話だった。そして尾崎さんが「なかなかクラウンのことをやる人がいないんだ、君のようにロシアや演劇のことを知っている人がやるといいんだがな」と言ってくれたのだ。うれしかったし、ずっしりと胸に響く言葉だった。

おそらくこの時からクラウンのことが気になりはじめたのだと思う。尾崎さんのこの言葉があったから、神田のロシア語専門書店「日ソ図書」で、ロシア革命の時代ロシアアヴァンギャルドと共に、芸術革命運動に参加したソ連の道化師ビタリー・ラザレンコの評伝と出会うことで、私は『サーカスと革命——道化師ラザレンコの生涯』を書くことができたのだ。

クラウンの世界へ私を誘い込んだ人がもうひとりいる。

久保覚さんである。朝鮮芸能文化の研究者であり、なにより『花田清輝全集』や『新日本文学』の編集長などをつとめたことでも知られるように、数々の刺激的な書物を世に出した編集者である。

興行会社に入社してからまもなく、革命ロシアの演出家であるメイエルホリドの著作を翻訳出版するためにつくられた研究会に誘われ、東京・荻窪にある久保さんの家に通うことになった。久保さんが主宰者だったが、その後も大変お世話になるロシア文化研究の桑野隆さんや浦雅春さんがいつも一緒だった。

研究会は、メイエルホリドについて深く掘り下げるというよりは、最新のロシア文化についての情報交換の場であり、なにより久保さんの家にやってくる人たちとの出会いが楽しかった。黒テントの劇団員やジャーナリスト、編集者、民衆芸能研究者、学生など、さまざまな人たちが集まり、まさに梁山泊（りょうざんぱく）となっていた。

例によって久保さんの家に行ったある日のことだった。いつもよりさらに人が集まっていた。そして久保さんはかなり興奮していた。『別冊新評』という雑誌で全ページにわたるサーカス特集をする企画が通ったというのだ。

久保さんはその場にいた桑野さんや浦さんにサーカスの原稿を書くように言い渡し、その勢いで私にも原稿を書かないかと言ってきた。テーマはクラウンだという。ラザレンコの本を読んでいたときだったので、これだったら書けるかもしれないと思い、すぐに引き受けた。自分にとっては商業雑誌に初めて書く原稿だった。久保さんには締め切り前に途中でもいいから見せてくれと言われた。

ラザレンコとロシアアヴァンギャルドとの共同作業を中心に原稿を書いてもっていくと、すぐにそれを読んだ久保さんは、「読者のほとんどはラザレンコのことは知らない、もっと一般的にクラウンのことを書いてもらわないといけない。いまから渡す本を読んで書き直してくれ」と言い、書斎から分厚い本を四、五冊持ってきた。みんな洋書で、サーカスやクラウンの本だった。

本を持ち帰って夢中になって読み始めた、とは言っても英語や仏語をすらすらと読めるわけもなく、載っていたたくさんの図版や写真に見とれていた、というのが正確なところだ。本の序文とか気になったところを拾い読みするのが精一杯だったのだが、まったく知らなかったクラウンの歴史のアウトラインは頭に入り、これをもとに原稿を書き直した。たぶん一週間ぐらい経ってからだったと思うが、書き直した原稿をもって久保さんの家を訪ねた。さあっと目を通した久保さんは「よし、いいだろう、タイトルだが、『道化師群像』でどうだ?」という。いいタイトルだった。もちろん異存などあろうはずがない。

私の処女作「道化師群像」は『別冊新評　サーカスの世界〈全特集〉』に掲載されることになった。

こうして私とクラウンのつき合いが始まった。主にソ連中心だったが、道化に関係する本を集め、海外の雑誌に出ているクラウンの記事をスクラップし、クラウンや道化が出てくる映画のビデオを探して見たりしていた。そして九年間勤めたソ連・東欧のアーティストを招聘する会社をやめたあとに入社した会社で、欧米のクラウンを招聘することになった。

クラウンは私にとって身体の一部のような存在となった。本書はクラウンと共に四〇年以上にわたって過ごしてきた私が、日本の道化師の歴史を追いかけたものである。西欧でのクラウンの歴史を踏まえ、日本のなかにクラウンにつながるような道化の原像をさぐり、近代以降クラウンは日本にどのように入ってきたのか、美術や学問のなかでどのように受けとめられていたのか、そして本格的なクラウンの誕生から現在までを概観していく。

ひとつここではっきりしておかなくてはならないのは、本書でとりあげるのは、「道化師＝クラウン」ということである。滑稽を演じる職業役者については、コメディアン、ヴォードビリアン、ジョーカーなどいろいろな言い方があるが、サーカスや舞台で道化を演じるのは「クラウン」である。日本では「ピエロ」という言い方のほうが広く使われているようだが、それは日本独特の受容のしかたであり、正しくはクラウンと呼ばれるべきである。

まずはこのクラウンの出自とその歴史を見ていきたい。

第一章　クラウンの歴史

クラウンの起原

クラウンは明治以降、ヨーロッパから日本に入ってきたものである。まずはこのクラウンのヨーロッパでの成り立ちとその歩みを確認しておきたい。

オックスフォード英語辞典によると、クラウンは田舎者、百姓、転じて洗練されていない、教養のない人、無知、無器用、粗野、無作法な人をいい、さらにそのルーツをたどると、土くれ、木槌、丸太、何かの大きな塊、切り株といった言葉にたどりつくとある。

道化論の決定版と言われる『道化と笏杖（しゃくじょう）』の著者ウィリアム・ウィルフォードは、これを踏まえてクラウンの意味を「元々はclod（土の塊）、clot（ぬるぬるした塊）、lump（塊）を意味しながら、これらの語同様に（中略）多くの言語で、武骨な田舎者をも表わすようになっていった言葉がこれだというのは明瞭であろう」（『道化と笏杖』）と解説している。

一方、道化を意味する言葉に「フール」がある。シェイクスピアの「リア王」に登場する有名な道化は、「フール」である。クラウンとフールの違いについて『道化と笏杖』で、ウィルフォードは次のように論じている。

> 「フール」の方がもっと内包の広い語であって、それが特殊な意味で使われる場合に

は、馬鹿（シリー）な人間のものの見方の不適当ぶり、奇妙さを言うのである。賢者としてのフールという観念が今だに生きているが、「クラウン」という語が「叡智」を暗示することはない。むしろ「クラウン」という言葉は、自分のため、他人のため、彼の馬鹿（シリー）さ加減を公けに見せびらかす人間を指す。「クラウン」は、「フール」よりももっと具体的な人間としての存在を喚起する語だ。こういう意味で私は、その人間が単に奇妙なものの見方をする人であるというばかりでなく、また賢人聖者で第一義的にはあるのではなくて、彼の愚行を故意に見せびらかす人であるという時、これに時として「クラウン」という語をあてはめるのである。（前掲書）

近代サーカスの誕生とクラウン

この無骨者を意味したクラウンが、いつ舞台に出現したかは定かではないが、近代サーカスが誕生したときから、その世界ではなくてはならない存在としてリングに登場することになった。

クラウンが最初にサーカスに現れるのは一七八〇年、フィリップ・アストレイという元騎馬隊員がロンドンのテームズ川のほとりに「フィリップ・アストレイ半円形劇場」を開設したときだった。当時、イギリスの貴族や軍人の間で人気だった馬の曲乗りを中心に、これに軽業・綱渡り・曲芸などもとりいれたショーをここで見せたのだ。近代サーカスの誕生である。

アストレイが苦心したのは、ひとつひとつの芸をどうつないでいくかだった。ここで彼は道化を使うことを思いつく。曲馬ショーのあとに、ポーターとフォーチュネリーというふたりの道化役者を雇い、下手な曲乗りのパロディを演じさせたのだ。「ビリー・ボタン」と名づけられたこのコミックショーは、曲馬ショー以上に人気を呼ぶことになった。さらに道化たちは、演目の間に不意に姿を現し、リングマスター(燕尾服を着てショーをしきる)に無理難題をもちかけ、絡んでみたり、演技中の曲馬師の手伝いをするかと思えば、邪魔をしたりと、観客の笑いを誘った。

こうした道化たちははじめの頃はメリーマンと呼ばれていたが、まもなくクラウンと呼ばれるようになる。ひとつの芸が終わり、そのパロディを演じるクラウンが登場するというスタイルが、近代サーカスに定着していく。

最初のクラウン――グリマルディ

このメリーマンたちに多大な影響を与えたといわれるのが、当時ロンドンで最も人気があったマイム役者ジョセフ・グリマルディ(一七七八-一八三七)である。

グリマルディはヨーロッパを放浪していたコメディア・デラルテの芸人の血をひき、バレエ・マスターをしていた父のもとで、幼い頃からアクロバットなどの芸を仕込まれた。彼は幼い時から身につけたマイム・アクロバットを基調に独自の道化芸を創造していく。

グリマルディの芸を実際に見た同時代の証言によると、彼の芸は身体全体を用い、あらゆる感情を表現していたという。目や鼻、顎を巧みに動かして、千変万化、さまざまな表情を創りだし、彼が笑うと、その奇妙な笑い声がおかしいものとなり、その笑い声にひきずられるように、笑いが場内に蔓延していった。

ジョセフ・グリマルディ “Bring on the CLOWNS” Beryl Hugili, 1980, London

グリマルディの伝記（『ジョセフ・グリマルディ

回想録』）を書いたディケンズは、「彼の優れたところはすべて彼のものであり、現代のパントマイム役者のうち彼に似ているものは誰もいない。正真正銘の道化役者、しかめっ面をした、手くせの悪い、傍若無人なクラウンはグリマルディとともに舞台を去ってしまった」と、グリマルディの偉大さを謳った。

グリマルディはサーカス場で演技したことはなかったといわれているが、その後リングで発達する道化芸の基礎をつくったということで、サーカスの道化史では、最初のクラウンとして一ページ目を飾っている。

サーカスから生まれた最初のスタークラウンは、パリで誕生した。一七八二年、パリに開設したサーカス場シルク・オリンピークで活躍するジャン・バチスト・オリオルである。「オリオルの才能は各方面にわたっていた。彼の芸は百科全書的である。軽業師で、手品師で、曲芸師で、綱渡り師で、曲馬師で、グロテスクな俳優であるばかりか大変な怪力の持ち主であった。女の小さな足と子どもの手と声をもった愛らしいヘラクレスである」とロマン派詩人テオフィル・ゴーチェはある劇評のなかでオリオルの演技の印象を書き留めている。

空中三回宙返り、八頭の馬、あるいは銃剣をもった二四人の歩兵を跳び越えるなど、驚異的な技の持ち主であったオリオルは、こうした難しい技をいとも簡単にやり遂げたあと、素っ頓狂にまるで山羊のような声で「リャー」と叫び声をあげ、観客の爆笑を誘った。オリオルはこのように自分の芸にコミカルな要素を加えるだけでなく、ほかの芸人をパロディ化することも得意にしていた。

オーギュストと白いクラウン

グリマルディ、オリオルによって確立された道化芸は一九世紀後半、「オーギュスト」という新しいキャラクターの出現によって、サーカスでさらに存在感を増していく。最初のオーギュストは、トム・ベーリングという曲馬、軽業、綱渡りとなんでもこなす多才な芸人だったと言われている。

彼がドイツのレンツサーカスで働いていたときのことである。綱渡りの最中に失敗、落下した彼は、一目散に舞台裏にかけこみ、赤毛のかつらをかぶり、上着を裏返しにして、さも自分ではないようなフリをして舞台に出ようとした。団長のレンツが、演技中失敗した芸人に厳しい罰則をもうけていたので、咄嗟(とっさ)に変装を試みたのだ。

しかしこの一部始終をレンツが見ていた。あわてたベーリングはリングに戻り、綱渡りに挑むものの、また落下を繰り返してしまう。これがあまりにも滑稽なので、観客は大喜び、その時観客の誰かが「オーギュスト！　オーギュスト！」（ベルリン方言で「愚か者」

を意味する）と叫んだ。

レンツはこれを見て、即座にこれから毎晩同じように演じることを命じ、その後ベーリングはオーギュストとなり、オーギュストはサーカスのクラウンのキャラクターとなったのである。

ベーリングのエピソードが物語っているように、オーギュストはまぬけで、愚鈍で、不器用、へまを繰り返す道化である。このオーギュストの出現は、クラウンと新しい関係を生み出し、レプリーズ（道化の寸劇のこと）はクラウンとオーギュストというふたつのキャラクターの対立を中心に展開されることになる。

白面の道化が、これから有名な名手によるバイオリン演奏がおこなわれますと告げる。いつものメーキャップに燕尾服を着こんだ道化プロパーが、バイオリンケースをたずさえリングに入場してくる。観客に恭々しく一礼の後、道化はおもむろにケースを開き、まずナプキンを取り出して首に巻きつけ、しかる後一壜の安ブドウ酒を取り出す。彼はブドウ酒の壜に口をつけてグビグビ飲み、口を拭いてから、酒壜とナプキンをケースにもどす。そこでもう一度観客に一礼——怒り狂った相方の道化に追われながら退場。

（ポール・ブーイサック『サーカス——アクロバットと動物芸の記号論』）

これはオーギュストとクラウンで演じられた「バイオリン」と名づけられたレプリーズである。クラウンは既成概念や秩序を代表し、オーギュストはそれらを突飛な行動でひっくりかえす。

ホワイトクラウンとオーギュスト Clowns & Farceurs Thierry Foule res edition 1982 Paris

このキャラクターの対立は、おのおのが身につけるコスチューム、メイクなどによって倍加されることになった。真っ白なメイク、薄い口唇、あまり目立たない薄い頭髪、さらに豪華な布地で仕立てられ錦糸の刺しゅうをほどこされたコスチュームをまとうクラウンが上品で、話し方もきちんとしているのに対して、オーギュストは自然の突起物や色を誇張し、大きな口をつけ赤毛のかつらを被り、極端に大きいか逆に極端に小さく、ごてごてした色彩のエキセントリックなコスチュームを身につけ、誇張された滑稽なイントネーションで話す。クラウンはその白いマスク、白いコスチュームから「白いクラウン」と呼ばれるようになった。

オーギュストの派手な衣装と赤毛のかつらに白いクラウンの華麗な衣装と白いメイクのコントラストがサーカスの道化師の定番のスタイルとなっていく。

オーギュストと白いクラウンの対立をドラマトゥルギーにすることによって、クラウンの演目はさらに人気を集め、サーカスの中で欠かせないものとなる。一九世紀後半から二〇世紀前半にかけて、次々にスターとなるクラウンが生まれていくことになる。

ソロではスイスのグロック、ソ連ではチェーホフやゴーリキイからも愛されたことでも知られるドゥーロフ、アヴァンギャルドとの共同作業で一躍有名になるラザレンコ、アメリカではホーボークラウンという新たなキャラクターをつくりだしたエメット・ケリー、フランスでは、ジム・ギリヨン、最も優雅な白いクラウンと呼ばれたアントネとオーギュストのベビのコンビ、アレックスとニノ、映画『ショコラ〜君がいて、僕がいる』(二〇一五)のモデルとなった黒人のショコラとフッティのコンビ、フラテリーニ三兄弟、ザバダ、イタリアのロリオとバリオ、スペインのチャーリイ・リベロなどが大衆から熱狂的に迎えいれられる。

大田黒元雄のグロック観劇記

この中で最も有名だったグロックの舞台を見て、その観覧記録を残した日本人がいる。音楽評論家の大田黒元雄である。彼は一九一二年から二年間ロンドンに留学しているほか一九三二年まで四度ヨーロッパに渡っている。この時ディアギレフ率いるロシアバレエ団の公演をはじめ、アヴァンギャルド芸術が開花し、斬新な実験が繰り広げられていたヨーロッパの最先端の舞台芸術を目にすることになった。

グロックが一番脂が乗っていた時期のステージを何度となく見ており、『大西洋そのほか』（一九三二、第一書房）に収められている「ロンドンの寄席」で、グロックのステージについての思い出を書き留めている。

独りイギリスのみならずヨーロッパの寄席の人気男はスイスの時計屋の息子として生れたグロックであろう。彼は最早舞台から引退してしまったであろうか？　去年の一月のフランスの雑誌に書いてあるところでは、近く全然寄席やサアカスから引退して、映画の方に専心するつもりだということを声明したようである。彼の波瀾の多い生涯の回想録は既に英訳さえ現われている。

グロックの芸は天下一品と呼ばれる価があった。奇術師と軽業師と道化と音楽家とを一身に兼ねた彼は、近頃は主として音楽の道化で人を笑わせていた。鼻と耳とを真赤に塗り、つるつるに禿げた鬘をかぶり、格子縞のずた袋のような外套をつけ、途方もない格好の靴を穿いて、スウトケエスをぶらさげながら彼は舞台に現われる。

グロックは一言も物を云わない。場合によって、感歎や質問をあらわす一種異様なうなり声は出すけれども。実を云うと、幾度も見たことがありながら、グロックが舞台でやったことを私は判然と憶えていない。彼がまずどの楽器を弾いたのかさえよくわからない。然し仮にまずヴァイオリンを弾いたものとしよう。そのヴァイオリンは玩具のような小さなもので、彼がぶらさげて来た大きなスウトケエスの中から出て来る。それを肩にあてながら、彼は、ポケットから取り出した飴屋の笛を吹いて調子を合わせた上、いろいろふざけながら曲弾きをする。次はたしか手風琴だ。それからピアノである。

彼はピアノの前の椅子にひょこんと腰掛けるが椅子の位置が遠いのでいくら手を伸ばしても鍵盤に届かない。そこで決然として上着の袖をめくり始める。無論ピアノを椅子の方へ押そうというのである。すると合棒（ママ）の男がそばへやって来て椅子を前へ動かしてやる。これを見て、グロックは感歎をあらわすうなり声を発する。そしていきなり鍵盤を叩き始めるとその途端に椅子の底が落ちて枠の中に尻が嵌り込んでしまう。椅子の問題が片づいて弾き始めると今度は鍵盤の上に蓋が落ちて来る。折角上げると直ぐに落ちて来るこの不都合千万な蓋に癇癪を起して、彼は到頭ピアノと喧嘩を始めた揚句、蓋も何もすっかり取って抛り出してしまった上、如何にもこれでせいせいしたというような顔つきで、その素晴らしく器用な指を鍵盤の上に走らせる（中略）然し、こんなことを書いても役に立たないからもうやめにしよう。グロックの芸の面白味を文字で伝えることは恐らく誰にもできまい。

グロックは今年五十二である。彼がどれほど金儲けをしたかということは、イタリアン・リヴィエラのサン・レモの近くに、恐ろしく立派な、まるで宮殿のような家を建てたことからも想像される。

書いても役に立たないと謙遜しているが、見事にグロックの芸をよみがえらせている。ちなみに宮殿のような家とは、グロックが一九二〇年代にイタリアのインペリアに建てたもので、五〇室の部屋からなっていたという。

大田黒のほかにもグロックの舞台を見た日本人は何人かおり、後述するように何人かの画家が彼をモデルにした絵画を残している。

クラウンの変貌

一九世紀から二〇世紀中頃までサーカスは誰からも愛される娯楽の王様として君臨していた。しかし一九七〇年代に入ってからこの人気に翳りが見え始める。娯楽の多様化、テレビの普及によって、サーカス場を訪れる人はめっきり少なくなったのだ。それまでサーカスを支えていたのは、家族ぐるみで町から町を旅する小さなサーカス団だったが、こうしたサーカス団が次々に倒産していった。

かつてピカソやロートレックが訪れたパリのメドラノサーカス場が一九七八年に閉鎖したとき、マスコミは「サーカスの死」と書き立てた。サーカスが衰退する中で、それまでどこのサーカス団にもかならずいた白いクラウンとオーギュストたちは、次第に姿を消していく。そして時代の要望に答えるかのように、新たな相貌をもったクラウンたちが現れる。

一九七〇年代、ソ連では横縞のシャツに、タイトなズボンとサスペンダーという若者が身につける普段着をコスチュームにしたアルメニア人クラウン、エンギバロフが、パントマイムとアクロバット、さらにはジャグリングをとりいれた、いままでにないクラウニングをつくりあげた。それまでのイデオロギー色の強い、風刺的な内容が多かったソ連のク

レオニド・エンギバロフ Volshebnaya Chasha, Nikolai Krivenko, Moscow

ラウンたちとはまったく違う、叙情性をふくんだレプリーズで人気を博した。並外れた身体能力による柔軟な動きと、結末（オチ）に余韻を残すレプリーズをつくりだし、詩的なクラウニングをつくりだした。

同じ頃ヨーロッパ最大のサーカス団、スイスのクニーサーカスに出演して、ヨーロッパ中から注目を浴びていたのが、スイスのディミトリーだ。自らのクラウニングを「ディミトリー・クラウン」と名づけたそのレプリーズは一〇〇以上もあり、それも楽器演奏、綱渡り、ジャグリング、アクロバットと多彩な技から成っていた。クニーサーカスでは特に、オーナーのクニーが操る象のサンドリーとの絡みが人気を呼んでいた。

当時のディミトリーをサーカスで目のあたりにした、自らもイタリアでクラウンを演じていた上

ディミトリー Clowns & Farceurs

原木呂は「オールマイティなピエロ、ヨーロッパの看板道化師」と称している。ディミトリーは故郷スイスのヴェルシオに自分の劇場と演劇学校をつくり、ここを拠点に劇場クラウンとしての道を歩むことになる。

二一世紀のクラウン

二〇世紀後半から二一世紀にかけて、ジョージ・カール、ピーター・シューブ、デビッド・ラリブレ、オレグ・ポポフ、ククラーチョフなど、ソロで演じる個性的なクラウンたちが現れ、スタークラウンとして、欧米の有名サーカスで活躍する。かつてクラウンは、演目と演目をつなぐことが大きな使命であったが、いまやこうしたクラウンは、出演するサーカス団を代表する顔となり、ショーも彼らを中心に構成されることになった。

ドイツのロンカリサーカスではピーター・シューブが長年活躍していたが、彼は普通のメイクと衣装で舞台に立ち、まったく道具を使わずに、観客の拍手だけで三〇分のショーを演じていた。彼の巧みなリードで、いつのまにか観客全員がショーの参加者となり、夢中になって拍手をし、そして自分たちが演じた失敗に大笑いをする。

ピーター・シューブ Roncali Circus プログラム

観客を舞台に呼んで、ある時はオペラの一場面を演じさせ、ある時は楽器を演奏させるなど、いわゆる客いじりの天才と言われているのが、イタリアのデビッド・ラリブレである。六代続くサーカスファミリーで育ち、小さいときからアクロバットやジャグリングを身につけ、さらに本格的に音楽学校で声楽も学び、

音楽を使ったレプリーズで人気を博すことになった。三つのリングで一斉にショーをするアメリカらしい演出で人気を集めていたリングリングサーカスで一〇年近くメインステージに立って、クラウンショーを演じている。

さらに個性的なクラウンはロシアのククラーチョフである。彼は調教が難しいといわれていた猫を使ったレプリーズをつくり、一躍人気者となった。

ユーリイ・ククラーチョフ Mir Tsirka tom 1 Kloun, Aleksandr Doigo, 1995 Moscow

彼はサーカスの成功だけでは飽き足らず、モスクワに世界で初めての猫劇場をつくり、ここで多数の猫たちを相手にしたクラウンショーを演じている。この猫劇場は日本でも二度公演している。エンギバロフやディミトリーのようにオールマイティなクラウンというよりは、自分の得意とする芸や技を特化させ、それをサーカスショーの中心にしていると言っていいかもしれない。

ペレストロイカからはじまり、ソ連が解体する二〇世紀末に、それまでにはなかった、まったく新しいクラウンたちが現れる。ペレストロイカのクラウンたちはみな集団で、サーカスではなく、劇場やストリートを舞台に大暴れした。いままでまったく知らなかったタイプのクラウンの出現に、欧米の観客は衝撃を受ける。

その先陣を切ったのは、スラーバ・ポルーニンが結成した「リツェジェイ」で、ヨーロッパで開催された演劇フェスティバルやストリートパフォーマンスフェスティバルに出演、ハプニング的なパフォーマンスを次々に展開していった。特に話題となったのは、チェルノブイリの惨劇をイメージした街頭パフォーマンスで、泡をまき散らし、観客の度肝を抜いた。「リツェジェイ」のあとを追って、ミミクリーチ、マスキ、ミカスなどクラウン集団がヨーロッパを舞台に活躍する。

ポルーニンは公演したところに、自分たちの分身を次々につくり、リツェジェイはフランスやイギリス、アメリカに増殖していった。彼の才能をいち早く見抜いたシルクドゥソレイユは、ポルーニンと契約、彼が長年抱いていた構想をもとに、「アレグリア」という作品をつくっている。「アレグリア」でクラウンが自殺をはかるという悲劇的なトーンからはじまるこのモチーフを、ポルーニンはさらにふくらませて、「スノーショー」という一大クラウンスペクタクルをつくり、イギリスで大成功をおさめたあと、世界各地で公演し、日本でも吉本興業が主催して東京と大阪で公演、大人気となった。

駆け足でクラウンの起源から、ヨーロッパにおけるクラウンの歴史をたどったが、欧米ではクラウンは、自分たちが生きた時代のなかで、姿、かたちを変えながら人々を楽しませていた。このクラウンがどのようにして日本に入り、どのように受け入れられ、どう演じられてきたのか、日本の道化師たちの軌跡をこれから追っていくが、その前にまず日本ではこうした欧米のクラウンが、そのままには受け入れられなかったということを明らかにしなければならない。

日本で道化師はクラウンではなく、ピエロと呼ばれていたのだ。

第二章　なぜ日本では「ピエロ」が定着したのか

国語辞書におけるクラウンとピエロ

文化人類学者の石毛直道（国立民族博物館元館長）が、あるエッセイで「日本でサーカスの道化師をピエロとよぶが、ピエロとは喜劇やパントマイムなどの舞台芸における道化役のことだ。サーカスの道化師はクラウンというのがただしい」と書いているように、日本で道化師はクラウンではなく、ピエロと呼ばれ、クラウンという言葉はほとんど使われていない。それを証明するのが、国語辞書におけるクラウンの扱いである。

『広辞苑』（第七版）によると、クラウンの項目には「道化師」とあるだけだが、ピエロには、「①道化役者。本来はイタリアのコメディア－デラルテの召使役ペドロリーノから生まれ、フランスの無言劇の道化役となったもの。白粉や紅を塗り、だぶだぶの衣服を着て襟飾りをつけ円い帽子をかぶる。今はサーカスの道化役のクラウンを指すことが多い」となる。

『大辞泉』では「クラウン　道化、道化役者　ピエロ」とご丁寧にピエロの中に組み込まれている。それに対し、ピエロは「①サーカスなどの狂言回しをつとめる道化役者。紅を入れた白塗りの顔、長袖の寛衣(かんい)、こっけいな動作などを特徴とする。元来イタリアの即興喜劇中の道化役がフランスのパントマイムの役柄に取り入れられたもの。②人前でこっけいな振る舞いをする人。笑いものになるだけの人」とある。

『新明解国語辞典』には、クラウンという項目はない。ちなみにピエロは「(ヨーロッパの喜劇・サーカスなどで)道化役。自分の本心・感情を抑えて、表面、はなやかに踊らされる者の意にも用いられる」とある。

正しくはクラウンと呼ばれるべきなのに、ピエロがこの本来の意味で使われていることがよくわかる。なぜ日本ではクラウンではなくピエロと呼ばれているのか、第二章ではそれをさぐっていきたい。その前にまずは「ピエロ」とは、いったい何者であるかを明らかにしなければならないだろう。

ピエロのルーツ――ペドロリーノ

『広辞苑』にもあるように、ピエロのルーツはイタリアのコメディア・デラルテの召使役ペドロリーノ Pedrolino に求めることができる。ペドロリーノ劇団が一五七六年に存在し、この四年後フェラーラ公爵夫人が館でこの一座の芝居をおおいに楽しんだという記録が残っている。この時ペドロリーノを演じたのは、ジョヴァンニ・ペッレシーニという俳優で、彼はこの役を何十年も演じ続けることになった。一六一一年に出版されたフラミニーニョ・スカーラ Flaminio Scala の筋書集に出てくるペドロリーノの役柄は、ペッレシーニが演じたことをもとにしていると言われている。

これによるとペドロリーノは、主人に長い間仕え、信頼されている召使で、ときおりいたずらをして他人をだますこともあるが、これは主人のために良かれと思ってやっていることである。キューピッド役も演じ、恋する青年が愛した女性を花嫁にできるようにありとあらゆる策略を講じることもあった。とにもかくにも最後には全員が彼のことを褒めざるを得なくなり、ペドロリーニも自分のこの才覚を自画自賛、「すっかりおれに任せておけ」というのが彼の決め文句となっていた。

このペドロリーノがフランスに渡り、ピエロとなったのである。ペドロリーノ役を演じていたイタリアのジュゼッペ・バッティスタ・ジアラトーニ Giuseppe Giaratoni という役者が、一六六二年にパリでピエロ役を演じたのがきっかけとなった。一六六五年初演のモリエール『ドン・ジュアン』の中に、田舎言葉まる出しのまぬけな百姓役としてピエロが登場するが、この役もジアラトーニが演じたことで、ピエロは一躍民衆の人気者となる。

彼が演じたピエロは、ペドロリーニのように、巧妙だったり策略を弄すのではなく、なにより「田舎者で、まぬけで愚か」で、重要なことは、真っ白なだぶだぶで長い袖にひだ襟の衣装に幅広の帽子をかぶり、仮面をつけず、小麦粉で顔を白塗りにしていたことである。白塗りのピエロの原型はここでできあがったといっていい。

縁日の劇場ではピエロが次々に登場し、人気を集めていたが、白塗りでだぶだぶの衣装を身にまとっていた。ここで思い出されるのが、ロココ美術を代表する画家アントワーヌ・ワトーが描いた『ピエロ（ジル）』である。一七一七年頃に制作されたというこの絵には、白塗りの顔をした白装束のピエロが描かれている。

ワトーの子にして白百合の親友、ジルよ
陽を浴びて立ち、またお月さまから滑り落ち
悲しいかい、楽しいかい、だぶだぶ服のジルよ？
騾馬が鳴いた？　それとも「学者先生」にいじめられたのか

ランボーと同時代の詩人ジェルマン・ヌーヴォーがこう謳ったジルは、優雅で洗練されているが、どこかに愁いを秘めていることで、悲劇的で犠牲者の相貌を見せ、神話的存在となった。

ドビュローの登場

民衆の人気者となったピエロが、ある天才的なピエロ役者の登場によって、永遠の命を

ジャン・バチスト・ドビュロー Pierrots on the stage of desire, Robert Storey 1985 New jergy

得ることになった。ジャン・バチスト・ドビュローである。マルセル・カルネ監督の映画『天井桟敷の人々』(一九四五年公開)でジャン・ルイ・バローが演じた白塗りのパントマイム役者である。

ドビュローは一七九六年、ボヘミアの放浪芸人一家の子として生まれた。周りから馬鹿にされ、惨めな青春時代を送り、いつも失敗続きの人生を憂い、自殺を企てたこともあったこの男にチャンスがめぐってきたのは、パリのフュナンビュル座のフェリックスというアルルカン(アルレッキーノ)役者が、自分の役をやらせたことがきっかけだった。アルルカンの役ではなく、ピエロの特徴を存分に生かしながら演じたことで庶民たちから喝采を浴びることになった。

従来の愚かな召使、人の好い道化役というキャラクターを、自己抑制のストイックな「情念も、言葉も、ほとんど表情も無くて、総てを言い、総てを表現し、総てを嘲笑し、モリエール喜劇全部を一言も発せずに演じかねない役者」にまで変えていったのである。『ドビュロー』という書でジュール・ジャナンは彼の演技についてこう書いている。

趣味の悪い寄せ集めすらドビュローの演技にかかると意味深くなった。「きゅっと唇を閉じ、何ともいえない態度をし、嘲笑的な笑いを浮かべ、実に巧みに見せる愚かな風情をした喜劇役者を見なくてはいけない。雨に打たれ、嵐に抵抗し、台所でたっぷり食べ、ぶったり、ぶたれたり、殺したり、殺されたり、何ごとにも動じず、アルルカンの傷口から赤い砲弾を引きずり出しても平気な役者を見なくては。素晴らしい。これほど複雑な劇にこれほど精力的に、忍耐心、冷静さ、機知を持って、役者が出たことはかつてない」

（イーニッド・ウェルズフォード『道化』）

彼が演じたなかで最も有名になったのは、「古着屋」という作品である。これは『天井桟敷の人々』のなかでも演じられている。

ピエロはきらびやかな社会的成功をかちとるために、一人の古着屋を殺してしまう。しかし、彼がまさに、自分を公爵にしてくれるはずの跡継ぎの娘の手をとり、祭壇まで歩み寄ろうとしたその瞬間、古着屋の亡霊があらわれ、「その長い腕でピエロを抱きかかえ、地獄のワルツを一緒に踊るよう強いる……被害者は人殺しをしっかり胸にだきしめる。そのため剣の切尖はピエロのからだを突きとおし、背中へ突き抜ける。犠牲者と殺害者とは、一本のピンでとめられた二ひきのコガネムシのように、同じ一本の鉄によって串ざしにされる。この奇っ怪なカップルは、なおも何度か回転してみせたのち、テレビン油の炎が燃えさかるまっただなか、穴の中へ崩れ落ちる……」。

（J・スタロバンスキー『道化のような芸術家の肖像』）

テオフィル・ゴーチェはピエロのうちに、人間性の本質に触れるひとつの寓意を見てとっている。

白外套、白パンタロンをまとい、顔には白粉を塗りたくって、とりとめない欲望でいっぱいになって街をさまようピエロ、これはあたかも、今なお無邪気で汚れを知らず、より高い領域に対する無限の渇望にさいなまれている人間の魂の象徴化ではなか

映画『天井桟敷の人々』のドビュロー Bring on the CLOWNS

ろうか？　（J・スタロバンスキー前掲書）

さらにドビュローは、いままでのピエロ像をさらに深化させた衣装をつくりだす。彼は「床屋のピエロ」を演じたとき、床屋の仕事着からだぶだぶの上っぱりのような白い衣装を思いつく。映画『天井桟敷の人々』でジャン・ルイ・バローが、まるで夢遊病者のようにふわふわと歩くときのあの白い衣装である。これによってピエロは神話的存在となっていく。

この白の衣裳の呪術性がドゥビュローという生身の人間を消し去って、ピエロという神話的人物を生み出したのである。

（田之倉稔『ピエロの誕生』）

ドビュローがつくりだしたピエロは、フランスの文学者に大きな影響を与える。一九世紀後半、ロマン派、象徴派の文学者たちが次々にピエロをテーマにした作品を書き始めるのだ。さらにボードレール、ラフォルグ、アポリネールらがその延長に独自の美学を重ね合わせて、ピエロを謳っていた。そうした詩が、西洋の美学を我が物にしようとヨーロッパの新しい美学移植のために夢中になった日本の詩人たちの手によって、紹介されていく。ピエロは、まずは日本の文学の中に入り込んでくるのである。

北原白秋の『思い出』

一九一一（明治四四）年六月、北原白秋の詩集『思い出』が出版された。幼少年時代を過ごした故郷福岡・柳川の思い出を綴った叙情歌集は、上田敏から絶賛されるなど、高い評価を受け、この作品で白秋は二六歳にして一躍、文壇に躍り出ることになった。そしてこの詩集こそ、日本に「ピエロ」の存在を知らしめるものになったのである。

この詩集の序詩にこんな一節がある。

匂(におい)ならば天鵞絨(びろうど)、
骨牌(かるた)の女王(クイン)の眼(め)、

　道化たピエローの面(かお)の
　なにかしらさみしい感じ。

そして白秋自らが装丁した扉絵には、赤い帽子をかぶったピエロの挿絵が描かれていた。この詩集が刊行された頃から、「ピエロ」は日本の芸術の世界にゆっくりと根を生やしていくようになる。そのとき大きな役割を果たしたのが、白秋が中心的存在になっていた「パンの会」だった。

北原白秋『思い出』表紙

「パンの会」とは、一九〇五年に発行された上田敏の訳詩集『海潮音』などでヴェルレーヌやボードレールなどの詩に薫陶を受けた北原白秋、木下杢太郎、長田秀雄、吉井勇ら詩人たちと、美術同人誌『方寸』に集まっていた画家、石井柏亭(はくてい)、山本鼎(かなえ)、森田恒友、倉田白羊らが、文学と美術との交流をはかるためにつくった会である。

東京のパンの会は、はじめ雑誌「スバル」

に拠って芸術主義的傾向を持ち、やがて明治四二年秋「屋上庭園」に拠って絢爛たる異国情調乃至都会情調の文学を打ちたてた詩人たちと、洋画家でも新しい文学に理解を持つ雑誌「方寸」の青年芸術家たちの間に、相互芸術の積極的交流をはかる目的で興されたものである。

（野田宇太郎『パンの會』）

ボードレールやラフォルグ、ヴェルレーヌから影響を受けて、道化師をテーマに詩を書き、またルオーなどの道化師の絵に刺激を受けた詩人や画家たちは、いままで日本ではほとんどとりあげられることのなかった道化師をピエロとしてとりあげることになった。石井柏亭や山本鼎などは道化師をピエロと題したいくつかの絵画を描く。こうしてピエロは次第にイメージを確立していく。

「パンの会」に集まった若い芸術家にとって、『海潮音』を出した上田敏は彼らを欧州の新しい芸術の世界へと誘（いざな）ったリーダー的存在であった。彼が一九二〇（大正九）年に出した訳詩集『牧羊神』には、ラフォルグの詩七編が訳されているが、その中に「ピエロオの詞」と題された詩がある。そこで謳われたピエロ像は、「パンの会」の詩人や画家たちが描いていたイメージを昇華させたものだった。

また一人ピエロオが
慢性孤独病で死んだ。
みてくれは滑稽（おかし）かったが、
垢抜けのした奴だった

ラフォルグが描いた慢性孤独病のピエロに誘われるように、白秋は「春雨の一滴」という詩で、涙にくれるピエロを描き出す。

まだ浅い春さきの光景です。
道化のピエロオが泣きながら、白い衣装を着て、
ベタベタと真白におしろいを塗っていると、やや寒い円窓の外では
相変わらず蛍の卵のような小雨が降っています。

これは大正三年から六年にかけて書かれた詩を集めた『第二白金（はっきん）の独楽』に所収されている。

ボードレールは「笑いの本質について」というエッセイのなかで、ピエロは、「月のようにあお白く、沈黙のように神秘で、蛇のようにしなやかで音も立てず、絞首台のようにまっすぐな人物」でなければならないと書いていたが、月のように白く、涙にくれる孤独なピエロがこうして文学のなかでつくりあげられていくことになった。

明治、大正にかけてつくりあげられていくピエロ像について、田之倉稔（イタリア演劇研究家）はこのように総括している。

ピエロとは、日本のモダニストの自己の鏡像なのである。「道化」はまだ現代的な意味を担っておらず、歌舞伎の道化方の響きがした。モダニストは、自己を対象化し、自己を戯化する言語を探し求めていた。「おどけもの」は、意味が透明すぎて、生の両義性を仮託するに価しない。

（田之倉稔前掲書）

月とピエロ

こうして詩人たちがつくりあげたピエロ像は、パンの会の流れを汲んでいた堀口大学の詩集『月光とピエロ』によって完全に定まったと言っていいだろう。

月の光の照る辻に
ピエロさびしく立ちにけり（中略）
あまりに事のかなしさに
ピエロは涙ながしけり
（「月夜」）

ピエロの白さ！
身のつらさ！（中略）
ピエロは
月の光なり！
（「ピエロ」）

泣笑ひしてわがピエロ
秋じゃ！　秋じゃ！　と歌ふなり。（中略）
月のやうなる白粉の
顔が涙を流すなり。
（「秋のピエロ」）

月の光に照らされて

ピエロ、ピエレット
踊りけり、
ピエロ、ピエレット。

（「月光とピエロとピエレットの唐草模様」）

この『月光とピエロ』の序文で永井荷風は、次のように書いている。

君は何故におどけたるピエロの姿としめやかなる月の光とを借り来りて其の吟懐を托し給えるや。新しき世の感情のあらゆる紛雑と破調とまた諧和とは皆ここに在るを知らしめんがためかわれひそかに思ふ君はこれ月下仮装舞踏の曲にウェルレーヌが「言葉なき歌」をしのばんとする詩人にあらずんば恐くはかの鬘かぶりしフィーガロと共に泣きつつ笑わんとする諷刺の士にあらざるなき歟

月とピエロといえば、アルベール・ジローのフランス詩集『月に憑かれたピエロ』（一八八四）を思い出す。これがアルノルト・シェーンベルクによって室内楽歌曲『アルベール・ジローの「月に憑かれたピエロ」から21の詩』として作曲され、ベルリンで初演されたのは一九一二年のことである。

いずれにせよ明治後期から大正にかけて、「月とピエロ」に象徴される、日本独特の悲しきピエロの原型はできあがったと言っていいだろう。

月が出たく踊れよピエロ
憎い雲奴が邪魔する迄は
しゃくな朝日が輝く迄は
さっさ踊れや可愛いピエロ

玉の盃黄金の水は
またとない世の宝で御座る
呑んで酔いましょ死ぬ程のんで
さっさ踊れよ可愛いピエロ

物に狂うか焦燥ピアノ
咽び泣くよなあのヴァイオリン
涙いざなうあのメロディーに

泣いて呉れるな可愛いピエロ
泣くな嘆くな可愛いピエロ
どうせこの世は儚いものよ
せめて酔っぱらって踊って暮せ
踊れ狂えよ可愛いピエロ

これは一九二二年につくられた『ピエロの唄』（松崎ただし作詞、鳥取春陽作曲）である。鳥取春陽は、街頭演歌師として知られている。彼が街角で歌ったこの唄は、巷を賑わすことになった。この唄の流行によって、「ピエロ」は知識人の枠を超えて、庶民にも親しみをもって迎えられることになったと言っていいだろう。

現代語辞典におけるピエロ

それを裏付けるのは、大正から昭和初期にかけて刊行されていた辞書のなかでの「ピエロ」の扱いである。

『近代用語の辞典集成』（大空社、一九九四—九六）は、大正・昭和初期に生まれた新語や外来語を集めた辞典四一冊を復刻したものである。ここで復刻されているのは、毎年版を重ねている『現代用語の基礎知識』と同じようにその年に生まれた新語や流行語を集めた辞典である。こうした辞典が生まれたのは大正年初期、それ以降昭和一〇年代までの間に百点以上刊行されている。外来語の急増がこうした盛況ぶりの背景にあった。外来語のピエロはこの中でどのようにとりあげられたか。

ピエロを項目として取り上げているのは、四一冊中、一五冊ある。そのうち大正時代に刊行されたものは一冊だけで、ほとんどは昭和六年から八年にかけて刊行されたものだ。

ピエロを最初にとりあげているのは、大正一四年に刊行された『最新現代用語辞典』である。そこではただ「道化役者」とある。ちなみにこの辞典の監修者は小山内薫である。「道化役者」とだけ記載している辞典は他にも六冊あった。

この中で一番詳しく解説しているのは昭和六年に刊行された『現代新語辞典』である。

フランス語の道化役者の意味。欧州では中世紀頃、国王にはこのピエロが一人ずつ侍従長等と共に常従していて、御機嫌を取り結んでいたものである。それが近世になってチャリネ（俄芝居）サーカス（曲馬団）などで、観客の興を添えるためこの愛嬌者を必らず一人ずつ雇って、幕間などに滑稽な身振を演じさせた。これが道化師、道化役者の由来である。

有名な伊太利(イタリー)歌劇にパリアッチ（道化師）というのがある。ピエロは常に笑いの下に悲しみを、白粉の裏に涙を湛える者だという科白があるが、友人達の嬲り者、又身の程知らずに恋愛する失恋者もこれと同じ役目を買う。

街頭でよく見かけるチンドン屋も、街のピエロでなければならない。

（『現代新語辞典』昭和六年）

宮廷愚者（フール）をルーツと書くことで、本来のピエロの意味から逸脱し、さらにはサーカスで幕間に演じるクラウンをピエロとしていることで、日本ではこの頃からクラウンがピエロと呼ばれるようになっていたことがわかる。

パリアッチは、レオンカヴァッロが作曲、一八九二年に初演された全二幕からなるオペラ『道化師』のことであるが、一九二一（大正一〇）年に横浜ゲーテ座でこの歌劇をロシア歌劇団が上演したという記録が残っているので、この辞典が出た頃には日本でも知られた作品となっていたのかもしれない。

チャリネサーカスといえば、一八八六（明治一九）年に来日、大変な人気となったイタリアのチャリネサーカスのことが思い浮かぶが、チャリネに（俄芝居）と括弧で説明がされているので、ここはチャリ（茶利）が演じられる芝居やサーカスでの道化役のことを言っているのだろう。

もうひとつ注目すべきは、ピエロがチンドン屋と結びつけられていることである。この辞典だけでなく、『モダン語漫画辞典』（昭和六年）でも、「『道化役者』のことである。有名な伊太利の歌劇『道化師』の中に『ピエロは常に笑いの下に悲しみを、白粉の裏に涙をたゝえている』と云うせりふがある。友人達に嬲られて笑っている男、身の程も弁えずに恋愛して失恋したもの等に冠するに相応しい名称である。街頭芸術家チンドン屋も、『街のピエロ』と呼ばれる」と三角帽をかぶったチンドン屋のピエロのイラスト付で紹介されている。

ピエロ（英Pierrot）
「道化役者」のことである。有名な伊太利の歌劇「道化師」の中に「ピエロは常に笑ひの下に悲しみを、白粉の裏に涙をたゝえてゐる」と云ふせりふがある。友人達に嬲られて笑つてゐる男、身の程も辨へずに戀愛して失戀したもの等に冠するに相應しい名稱である。街頭藝術家チンドン屋も、「街のピエロ」と呼ばれる。

ピエログリフ（英Hieroglyph）
發見しては見たものの、何の意味なんだか普通の人には見當のつきかねる「解き難い事」又は何と讀んだら善いのか分らないやうな「下手な文字」の意味に用ひられる。

ピカ一
花カルタの手役の一つで、七枚の手札のうち二十物が一枚あつてカス札ばかりなのを云ふ。これから轉じて、「鷄群中の一鶴」「萬綠叢中紅一點」と云ふやうな場合に云ふ。近頃盛んに使はれるナンバ・ワンとかＡワンなぞと云ふのも同じ意味である。其の方面の如何を問はず、ピカ一にな

『モダン語漫画辞典』の中のピエロ。『近代用語の辞典集成』第19巻、大空社、1996

このほかにも、『モダン語辞典』

（昭和七年）では「道化役者、映画に現われる三角帽をかぶったおどけた役者のことで、その三角帽も近頃ではピエロ帽と言われるようになって、人気を博している。身ぶりおかしく触れ歩いているチンドン屋も『街のピエロ』である」とある。

辞典でのこうしたピエロの扱い方をみてみると、この時代のピエロの主たる舞台は、サーカスよりは、チンドン屋であったようにも思える。

チンドン屋の出現

ピエロが一般大衆の中に定着していく大正末から昭和初期、派手な格好で街角を西洋楽器を演奏しながら行進する楽隊が現れる。西洋楽器による街頭演奏は、一八八七（明治二〇）年に結成された東京市中音楽隊が始めたとされている。

出資者は新橋の料理店花月楼（花月とも書く）の主人平岡廣高、渋沢栄一が顧問となっている。最初の楽長は当時来朝したアメリカ曲馬団の楽士ジョージ某であったが、楽譜が読めないので自分から逃げ出したということだ。

民間楽隊は、正式な吹奏楽ではないが、日清戦争以後人気となり、行列演奏だけでなく、広告の町回りや曲馬団、パノラマの人寄せ、あるいは売り出し、運動会にも出演するなど、大衆のなかに広まっていく。

また松旭斎天一(しょうきょくさいてんいち)の帰朝披露魔術大会が明治座で開かれたとき、天勝が演じた「胡蝶の舞」の伴奏もするなど、「ハイカラ」な催しに欠かせないものにもなっていく。
演奏される曲は、「君が代マーチ」「帝国マーチ」「日の出マーチ」「軍艦マーチ」など行進曲が多かったが、円舞曲として伴奏などに使われた代表的な曲が「美しき天然」である。これは海軍軍楽長田中穂積が作曲したものであるが、後に「男三郎の歌」（ああ世は夢かまぼろしか）となって普及し、サーカスでも客寄せのときや、空中ブランコのときに演奏される定番の曲となった。

大正初期にこうした楽隊はヂンタと呼ばれるようになる、「ヂンタ、ヂンタ、ヂンタカタッタ」というその音からでたと言われているが、仁丹の広告用の映画伴奏に使われたからだという説もある。

一世を風靡(ふうび)したヂンタだったが、衰退は早かった。主な仕事場だった映画館での伴奏（当時は無声映画だった）がオーケストラに変わってしまい、追い出されたことが大きい。
そしてチンドン屋の出現である。

> 強敵があらわれた。大正末期に出現したチンドン屋である。単騎出動して方二三百メートルが間に殺戮的な音響を漲らすチンドン屋は、瀕死のヂンタにトドメを刺して

しまった。

（堀内敬三『ヂンタ以来』）

この新興街頭音楽隊チンドン屋に、かつてサーカスでヂンタをやっていて、追い出されてしまった楽士たちが入り込んでくる。

戦前から知っている人では、映画館からきた人よりもサーカスからきた人のほうが多いね。サーカスのヂンタをやってた人が、ちんどん屋の後ろでラッパ吹いてやったの。でも、それは昭和四（一九二九）年から。それまでは、楽士の人なんかいないよ。初めてやったのは、ワカちゃんという仙台の人。その人はクラリネット、譜面もなにも分かんないけど、すごくうまいや。

（みどりや進のインタビュー、大場ひろみ・矢田等『チンドン 聞き書きちんどん屋物語』）

サーカスでヂンタをやっていた人だけでなく、暮れの繁忙期になると、サーカスで働いていた楽士たちが、臨時働きでサーカスからチンドン屋にやってくる。

暮れになるとね。サーカスの連中がちんどん屋のラッパ吹きに来たよ。パッと日銭で入るから。昭和一二、三年ごろで一日の手間が二円五〇銭。大工さんが一円から一円五〇銭だったから手間賃としてはよかった。チンドンを叩く人と比べても、楽士はいくらか高かったね。

（中沢寅雄のインタビュー、大場ひろみ・矢田等前掲書）

このようなサーカスとチンドンの交流の中から、ピエロも街中に登場していったのかもしれない。

チンドン屋が街のピエロとして認知されていくことは、当時の新聞記事を見てもわかる。「町のピエロ撲り殺さる　酔っ払ったチンドンヤが浅草で撲られて死亡」（「読売新聞」一九三一年一一月二六日）

「ピエロの悲劇　街のピエロちんどんやのクラリネット係が痴話げんかのもつれから夫婦喧嘩、妻が服毒自殺する」（「朝日新聞」一九三五年一二月二六日）

さらにピエロに、どことなく悲劇的なイメージも付加されていく。『常用モダン語辞典』（昭和八年）では、「此の頃では根は哀れな気の毒な人間でいながら外面はおどけて陽気に騒いでいる風の男をいう」とあるが、これが「嘆きのピエロ」へと結びついていく。

嘆きのピエロへ

庶民の間にも広まっていった悲哀を背負ったピエロに、さらにうらぶれたイメージが与えられるようになるのは大正にはいってからである。国立国会図書館サーチで「ピエロ」をキーワード検索にかけて、大正・昭和初期における文学の中からピエロの文字が含まれている文献を抽出し、そこから日本でのピエロ受容について明らかにしようとしたのは、上島敏昭の「大正～昭和初年のピエロ」である。

上島はここで、最初に一九一四（大正三）年に登場したピエロは、昭和六年まで七〇件の文献に登場し、特に大正末期から昭和初期にかけて急増、大正一五年あたりから爆発的に増えていることを明らかにしている。

その中で特に注目されるのは、ピエロの登場が急増するなかで、それまでに背負わされた悲哀や寂しさ、苦渋のイメージのほかに、ピエロがなぶりものにされたり、虐待される対象となっていることである。この例として上島は、一九二五（大正一四）年、雑誌『早稲田文学』一〇月号に掲載され、翌年戯曲集『戦国異風心中』（彩雲堂）に収録された津村京村の戯曲『悲しきピエロ』をとりあげる。それはこんな話である。

舞台は日本の小さな町の芝居小屋。主な出演者は、一座のスター女優お花とその母親、父親、それに小屋の頭取である。母親と頭取が楽屋で話をしている。今日から父親が三枚目のピエロ役で舞台に出ることになっているのに、まだやってこない。

母親は言う。「びた一文稼げない、能無し亭主。本当に舞台がつとまるものかねえ」。

頭取は「お花さんの靴の紐を結んだり、ペコペコ頭を下げてご機嫌を取ったりしてりゃいいんだ。けれども、唯、いくら商売とは言いながら、現在自分の娘の靴の紐を結ばせられるのは……」と話しているところに父と娘が登場。父親は酒に酔ってふらついている。娘が父親に度胸をつけさせるために飲ませたのだ。

できれば娘は父親にこんなみっともない真似はさせたくない。そう言う娘に母親は、いまさらそんなことを言ってもはじまらないと口論になる。そこに父親が割って入り、「いいんだ、俺はやりてえんだ」と舞台に出て行く。場面変わると、舞台面。外国のオペラらしい。たくさんの紳士淑女に取り巻かれて笑いものにされる父親。それを見て泣き出す娘。そんな娘に対して「おれは踊って踊って踊り狂いたい。さあ、お花、踊ろう」と無理に娘の手を取って激しく踊る。娘は泣きながら踊り、最後に泣きくずれるところで幕となる。

ここでピエロは、なぶりものにされるだけの惨めな役である。それを演じる父親も何の芸もない能なし、舞台で紳士淑女に踊るように言われ、どぎまぎしていると無理やり手取り足取りされて、ぐるぐる回らされ笑われる。さらに女王役の娘の奴隷として、靴の紐を結び、犬の真似をさせられ、小鳥の真似をさせられ、踊らされ歌わせられるというように、これでもかこれでもかというくらいに貶められている。

上島はここまでピエロに負のイメージが仮託されたのは、一九二三（大正一二）年の関東大震災に関係しているのではないだろうかと、こう書く。

「震災によって東京・横浜などの大都会は破壊され、同時に大量の失業者を生み出した。彼らがバラック生活を始め、チンドン屋をはじめたり、さまざまな露店で物売りをしたり、その日その日の食い扶持を稼ぐため、がむしゃらに働きだした。その失業者たちの珍奇な姿がピエロに重なっているようにも思われる」

そしてこのイメージはさらに増幅され、「嘆きのピエロ」へとなっていく。これを決定づけたのが映画『嘆きのピエロ』であった。一九二四年に作られたフランス映画で、日本では一九二五（大正一四）年に公開され、大ヒットしている。

スペインの古都トレドの町にサーカスがやってくる場面から物語がはじまる。一座の道化師リケットとその若い妻でダンサーのラルダは、サーカスのオーナーであるブッファロから惨めな扱いを受けていた。ブッファロはラルダに卑しい想いを募らせて関係を迫り、それを拒まれたので逆恨みしていたのだ。

ある日、ラルダが舞台に出たときライオンの檻を開ける。舞台に現れたライオンに咬ま

映画『嘆きのピエロ』新聞広告。「読売新聞」1925年３月20日

れてラルダは失神するが、リケットはピストルを撃って危うくその命を救う。公演後、ブッファロの妻ヴィオレッタは哀れな二人を夫の手から逃がすために馬を用意する。ブッファロの悪の手が迫るが座員たちに助けられ、二人は馬に乗って新しい生活へと旅立っていく。

上島は、この映画で日本においてピエロがサーカスと関係づけられたことに注目する。

この映画でサーカスの道化師をピエロと称している。

蘆原は、のちにサーカスとなる日本古来の曲芸・曲馬には、西洋的な形式での道化師がいなかったという。新たに輸入した映画はサーカスが舞台で、その主人公が道化師であると知ったとき、映画の宣伝担当者は悩んだにちがいない。まだサ

島の娘を唄ふ朗かなピエロたち

ハーゲンベックサーカスのプログラムより

ーカスという言葉すら一般的ではない。その主人公が道化師。いったいどんなタイトルがいいのか。原題の「La Galerie des Monstres」を直訳した「怪物たちの展示場」では、内容はわからず、お客にアピールもできない。そんな作品に「嘆きのピエロ」と付けたセンスはお見事である。どこからつけたタイトルなのか。これにもさまざまな裏話がありそうな気がする。邪推するならば、堀口大学の『月光とピエロ』のなかにある「ピエロの嘆き」から拝借したのではあるまいか。ともあれ、日本で現在に至るまでサーカスの道化師をピエロと呼ぶようになったのはこの映画が原点と思われる。

（上島敏昭前掲文）

日本でサーカスの道化師は、こうしてクラウンではなくピエロとして受け入れられ、そしてサーカスで道化を演じる芸人はピエロと呼ばれることになった。

一九三三（昭和八）年来日したドイツのハーゲンベックサーカスは、その破格の規模の大きさで日本中を沸かせ、それまで日本で曲馬団と名乗っていた一座は、この公演のあと一斉にサーカス団と名前を変えることにもなった。このハーゲンベックサーカスのプログラムを見ると、道化役が「ピエロ」と書かれてある。

第三章　日本のクラウンの原像

ひょっとことおかめ

第一章でヨーロッパにおけるクラウンの歴史を簡単にみてきたが、サーカスに進出することになる道化のルーツを探ると、サルタンバンク、ジョングルール、ザンニ、スコモローフと呼ばれた放浪芸人にたどりつく。彼らは街道の四つ辻や広場、市など人が集まるところにどこからともなく現れ、民衆たちを楽しませていた。

クラウンは明治以降日本に入ってきたものだが、それ以前にヨーロッパと同じように民衆を楽しませていた道化師たちはいたはずである。サーカスや舞台でクラウンと呼ばれる道化師たちとつながっていく、彼らの先祖にあたる日本伝来の道化師の原像はどこに求められるだろう。

宮城県石巻市では、毎年秋に石巻地方神楽(かぐら)大会が開催されている。石巻は神楽が盛んな土地で、最盛期には二〇以上の神楽団体があり、東日本大震災で舞台道具や仮面、楽器などを津波で流されながらも、活動を続けている。

余談だが、日本民俗芸能研究の第一人者で文化功労賞も受賞している本田安次は、早稲田大学英文科卒業後に旧制石巻中学（現石巻高校）で二〇年間英語を教えていた。本田は大学一年の時に埼玉の秩父神社で三五座の神楽全曲を観劇し、感銘したことがきっかけで

石巻地方神楽大会。筆者撮影、2019

民俗芸能にとりつかれることになるが、早稲田大学教育学部教授に迎えられるまでの二〇年間、石巻地方の法印(ほういん)神楽をはじめ、東北各地を飛び回り神楽調査をしていた。そのため石巻の人たちは本田のことを「お神楽先生」と呼んでいた。

二〇一九年、本田となじみの深いこの大会を見学する機会があった。一三団体が参加した公演では、どれも日本神話に題材をとり、鬼や大蛇のような悪役を神話のヒーローたちがこらしめるという筋立ての神楽を演じていた。

その中で興味深かったのは、江島法印神楽が演じた「魔王攻」だった。高天原(たかまがはら)を追放されたスサナオが諸国を巡りながら人間に害をなす魔王（魔神）を退治するという

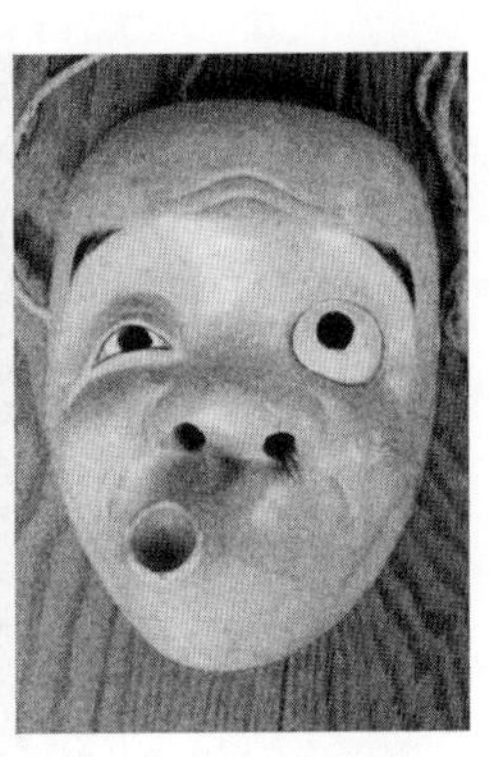
ひょっとこ。吉田智一『獅子の平野　フォークロアの眼５』国書刊行会、1977

おかめ面。吉田智一『獅子の平野　フォークロアの眼５』国書刊行会、1977

内容なのだが、ここに魔王の手下（魔民）として道化が出ていた。盆踊り風のお囃子に乗り、スサナオや魔王のような壮麗な衣装に袴ではなく、安っぽい色調の作業着のような衣装で、袋を担ぎおどけて舞台に登場する。この袋にはお菓子がたくさん入っていて、客席を回りながらこれを配っていく。

スサナオが登場すると、ちょっかいを出しながら魔王がやられるのをコミカルな動作で守ろうとするが、すぐにひとりの道化が退散、そして魔王も逃げ、最後に残った道化は、スサナオに命乞いするように、客席で配ったお菓子を懐から一個取り出しわたそうとするところで場内は大爆笑となった。

日本全国各地に残っている神楽や民俗芸能には、猿田彦や、猿の面を被った道化役が多数出てくる。その中でも一番なじみが深いのはひょっとことおかめであろう。

ひょっとこは火を吹くときの顔を表現したもので、火男のなまった言葉とされている。神楽では、おかめと共に道化役として種まきや魚釣りの舞に登場し、スサナオやオオクニヌシ、エビスなどの神々のあとにノコノコついて出るお伴のような役どころになっている。

特徴的なのは極端なまでにデフォルメされたその仮面である。左右の眼がいびつ、口先がとんがっていて横に曲がっている。その尋常ではない曲がった口元は、誰の言うことも聞かないという意志を表現しているようにも見える。役どころは素直に主人のいいつけを聞かず、神々のやるしぐさを、茶化すように真似たり、さからったりするが、結局は最後には負けてその場から逃げてしまうというものである。

おかめはひょっとこと組んで愉快に踊り、ひょっとこのようにさからうのではなく、うまく相手にあわせ、なれなれしく和合協調を大事にするのが役どころとなっている。大事なのはエロチズムの要素を強くもち、セクシャルでユーモラスな動きをすることである。

こうしたセックスをもじるような演技は、かつては「オコワザ」と言われ、「烏滸」や「尾籠」と書いた。それに対してひょっとこの、神のまねごとやからかうような演技のことを「オカシワザ」とか「モドキ」と呼んでいた。「オカシ」は犯しが原義で相手の弱点を突いてこらしめること、そして「モドキ」は「かみくだく」とか「さからう」という意味がある。おかめの「オコワザ」とひょっとこの「モドキ」に日本の道化師の原点があると、民俗芸能研究の三隅治雄はこう書いている。

> 歴史的にいうと、このオカメの〝オコワザ〟とヒョットコの〝オカシワザ〟が、わが国の笑いの演劇の基幹の要素となるもので、したがってその笑いを演じる道化役は、すべて、この二つの要素のどちらかをかならず身にそなえているはずである。
>
> （「日本の道化」）

こうした民俗芸能で生まれた道化たちは、中世河原や広場や寺社で演じられた散楽や田楽の中で生き延びていく。そしてこうした道化師の末裔たちが、さらにはっきりした役割をもって歌舞伎の世界に入ってくる。それが猿若だった。

歌舞伎の道化たち

名古屋の徳川美術館が所蔵する「紙本著色歌舞伎草紙」は、歌舞伎を創始した阿国の追随者のひとりで四条河原で活躍し、小歌を得意とした采女の歌舞伎踊りの様を描いている。一六〇三（慶長八）年に史料に初見する阿国歌舞伎からさほど隔たらない初期女歌舞伎のありさまを描いた貴重な画証として知られている。

この中に薄汚い、粗末な、青色系統の単衣を着け、その裾からは、だらしなく下衣が下がり、丸出しの臑（すね）に、穴があいた脚絆を身につけている男が描かれている。これが猿若と呼ばれた道化役である。

阿国歌舞伎から若衆歌舞伎の間の初期歌舞伎に現れたこの道化役に、最初に注目し、独自の視点から歌舞伎の道化の原像を分析したのは郡司正勝の『かぶき――様式と伝承』である。郡司は歌舞伎に関する原典を詳細に掘り起こすだけでなく、民俗芸能にまで目配りしながら、歌舞伎と民俗芸能を道化という観点から結びつけていくのだが、この時彼が指導を仰いだのが「お神楽先生」の本田安次であった。

郡司はこの書のあとがきで、「本田安次先生が石巻から早稲田へ来られて以来、頻繁な御交渉をいただくようになり、私の貧弱な民俗芸能の知識は、改めて先生の惜げのない御教示と御蔭をこうむった」と書いている。

この書の中で郡司は初期歌舞伎を描いた図版を分析しながら、猿若がもっていた小道具や衣装を通じてその役割を考察したのち、猿若が実際にどんな演技をしていたかを、『慶長見聞集』が書き留めているのを発見する。この中で猿若の演技についてはこう書かれていた。

取分、猿若出て、色々の物まねするこそおかしけれ。ほうさい念仏、猿まはし、酒に酔ひたる在郷の百姓、かたこといひていくちなき風情。ありとあらゆる物まね。扨もよく似たる物かな。弁舌たれる事ふるなの変化かや。かかる物まねの上手。天下第一の名人きとくふしきと。みな人かんしたり。

物真似が猿若の演技の中心をなしていたことがわかる。ひょっとこの「もどき」と通じるものがここまで流れ着いたということである。

そして郡司は猿若の道化としての役割を次のように捉えた。

当世の奴僕に扮した猿若は、その主人役たる、シテ、ワキの俳優のために、床几および三味線、あるいは傘、その他の諸小道具を扱い、間の抜けた、滑稽な身振りよろしく、男女の間を取り持つ幇間的役目を果たすのが、その唐団扇の第一義。やがて、男女相携えてかぶき踊となるときに、これを誘導し、あるいは囃し立てて、本来の音頭取りの役目を忘れずに果たしているのが、その第二義。しかも、その間にあって、常に見物と舞台を結び、その芸能を司会している重要な任務をも帯びているのが、その第三の意義であった。

現代の道化師にも通ずる役回りを演じていた猿若のあとを受け継ぎ、歌舞伎に登場する道化師は「どうけ」である。

歌舞伎における道化だが、初期には「道外」と書かれることも多く、「道戯」とも書かれることもあった。この語源について『大言海』に「斎藤道三、義子義龍ト不和ノ時、我ニ同ゼム者ハ剃髪セヨト令ス、道化某、髪ヲ半剃シ、両属ノ意ヲ示セルヨリ云フト云フ、サレド牽強ナラム、おどけ（戯）ノ転ナルベキカ」とあるように、道化某という者が、頭髪を半ば剃り残したことで、これ以降おかしいことを道化と呼ぶようになったというのだ。

少し逸脱してしまうが、江戸時代に江戸に向かう途中、嵐に遭遇し太平洋を漂流したのちに、ロシア人に助けられた石巻の若宮丸乗組員のひとり善六が協力したレザーノフ編纂の『露日辞典』（一八〇二年）の中で、ロシア語で道化師を意味する「Shut」という言葉に、善六は「おどけの」という訳をつけている。

猿若から道化へ

郡司によると、「どうけ」という役柄が歌舞伎に登場するのは、若衆歌舞伎が禁止されたあとではないかという。つまり「どうけ」が、喜劇俳優を指すものとして用いられたのは、歌舞伎が、その揺籃期を終えた頃からになる。郡司は『新撰古今役者大全』（寛延三〔一七五〇〕年刊）で書かれているおんな歌舞伎時代のどうけについてこのように伝える。

其かみ女役者にて立し芝居には、道化をおもに遣ひ、舞の間におどけ事をして、どつとわらはせたりし

合間に登場し、つなぎの役を果たしながら、さらに客を笑わせていたことがわかる。若衆歌舞伎時代もほぼ同じようなことを果たしていたことは、『野良立役舞台大鑑』（貞享四〔一六八七〕年版）をみるとわかる。

いにしへ、与次兵衛のおやじ政のすけが、おやかたわかさかりのじぶんには、だうけ（道化のこと・引用者注）はなくては狂言はならぬものとおもはれ、いずれの芝居にも、大筆にどうけたれかれと、一まいかんばんにかかれしに

「どうけ」はなくてはならないものとして、この時代に確立された理由について郡司は、ひとつに「時代の喜劇に対する嗜好性」があったこと、もうひとつは表看板となっていた

若衆がまだ演技力をもたず、外見の美しさを際立てるために「バイプレヤーとしても必要であった」という。

芸能に一通りの教養のある遊女出身の女かぶきからみれば、この年少の美少年達の技芸は、一段と劣っていたのではあるまいか。ここにおいて、老巧な脇役の活躍が必要となる。「どうけ」の熟練した技芸は、彼らの未熟さを補うべく、舞台にあっては、彼らの世話役、引立て役であるとともに、司会者であり、また楽屋では、その技術の指導や振付けをもし、演出にさえも係わったものと推察される。

さらに郡司は、もうひとつこの「どうけ」をさらに進化させた人物として坂東又九郎に注目する。元禄二（一六八九）年頃の成立・刊行と推測される、舞踊を中心とする歌舞伎の理論書『舞曲扇林』に次のような一節があった。

どうけ広袖をきて姿をうつくしくしたるは、坂東又九郎始め也。それより皆ひろ袖をうつくしくこしらへきたる也。

どうけの広袖風俗。郡司正勝『歌舞伎様式と伝承』学芸書林、1969

坂東又九郎が生み出したという「広袖」という衣装が、どうけの芸風を一変させることになった。「野良げぢげぢ」に描かれている広袖風俗画を見ると、その様子がよくわかるが、この滑稽な装束がブームとなり、彼の後を追って道化たちは広袖の衣装を身につけていく。

ドビュローが白く広い袖の衣装を身につけたことで、広い袖とパンタロンがピエロの衣装として定着したことが思い出される。

歌舞伎における道化だが、当初は演目の構成のなかで、重要な一場面を担当していたが、戯曲の構成が複雑になるにつれて、脇役的存在になっていく。そして道化役は、「三枚目」と呼ばれるようになる。

江戸歌舞伎の看板は通常八枚から成り立っていた。一枚は「書き出し」いわゆる主役、二枚目は色男の役名、そして三枚目が滑稽な役を演じる道化役の名前が書かれたことから言われ、いまでもよく使われている。

三番叟と黒い翁

三番目という位置づけで思い出されるのが、三番叟（さんばそう）である。

三番叟は、能の「翁」に出てくるもので、千歳（せんざい）の舞・翁の舞に続いて狂言方が行う舞のことである。白い翁に続いて、黒い面を被って踊る黒い翁に、道化的なものを見て、芸能の深層に迫ったのは、乾武俊（いぬいたけとし）である。

乾は、日本各地の民俗芸能や人形芝居で演じられる三番叟の仮面のなかにある共通性を見出す。それは黒く、ゆがんだうそふき型と呼ばれるものであった。色が黒いだけでなく、容姿が悪いことを強調している中に、ゆがみや醜さに仮託した民衆の想いへ迫るとともに、道化役の「黒い翁」こそが翁の原初的なありようではないか、と問いかける。

> 「黒い翁」はそれに先立つ「白い翁」のもどきというのが定説であるが、「黒い翁」は「白い翁」に先行し、しかもゆがんだ相貌のうそふき面であった。それが古態である、というのが私の考えである。
>
> （乾武俊『民俗と仮面の深層へ』）

「黒い翁」を所収した乾武俊選集『民俗と仮面の深層へ』の解説で、編者の宮嶋隆輔は乾の「黒い翁」論のなかに、芸能の始原的なものを見ている。

神のごとく振る舞い、威儀正しく祝言を述べる「白い翁」に対して「黒い翁」は、どぎつい、対抗的な想像力を突き出している。白い翁を滑稽に「もどき」、説明的に繰り返すことで、笑われ、からかわれる存在としての自らを演じつつも、時には祝福させられる者の深い嘆きを表出し、異様な呪言を唱えるのである。この「もどき」の心こそが「芸能の根源」であったし、被差別と芸能の接点に立つものの影像であった。だからその顔面は黒く、さらにも源流に近づくごとに、祝言を言わされるその「口」が無残にゆがんでゆく。黒い翁に象徴される「被差別民衆」の心は、同じくゆがんだ面相をもつ「佐渡の春駒」などの祝福芸にも息づき、日本芸能史の暗部に知られざる系譜を形成した。

黒い翁はまぎれもなく、日本の道化師の先祖のひとりである。

のろま

郡司は広袖の衣装を創意した又九郎を「どうけの芸風を一変せしめた（略）どうけの近

世化」を成し遂げたとしているが、この衣装と関連しているのではないかとしているのが、人形劇の「のろま」の扮装である。

歌舞伎で人気を得ていた道化の物真似芸は浄瑠璃でもとりあげられ、有名な道化役者の顔をした人形が、浄瑠璃の一段終えた幕の間に登場し、その幕を背景に、何の道具も使わず、次の準備ができるまで滑稽寸劇を演じていた。ふんとく、才六、たろま等々が知られるが、なかでも一番有名だったのが、野呂松勘兵衛が創始したといわれる「のろま」という人形だった。

　のろまは江戸和泉太夫、芝居に野良松勘兵衛といふ者頭ひらく（平く）色青黒きいやしげなる人形をつかふ。これをのろま人形といふ。野良松の略語なり。又鎌斎左兵衛はかしこき人形をつかひ、相共に賢愚の体を狂言せしなり。それより、鈍きものをのろまといへり。其の後、そろまむきまなどいふもの出来たりと。『世事談』にいへり。『竹豊故事』に、野呂松氏を祖として、京大坂の操り芝居に鹿呂間そろ七麦間など名を付け、道外たる詞色をなし、浄瑠璃段物の間の狂言をなしたり。（『嬉遊笑覧』）

近松門左衛門の『国性爺合戦（こくせんやかっせん）』あたりから間の狂言は消えていくが、古浄瑠璃系の操座

のろま人形。郡司正勝『歌舞伎 様式と伝承』学芸書林、1969

ではその後も残り、現在では佐渡広栄座の狂言人形（一般にのろま人形と呼ばれる）が有名である。

佐渡に残るのろま人形はいまでも演じられており、私も東京の国立劇場で見たことがあるが、祝祭性に満ちあふれ、人形遣いが即興的に時事ネタや風刺などもまじえながら、道化役の木の助を主人公とした喜劇性の強い寸劇を演じた。

一番の見せ場は、最後に失敗した木の助が着物を脱がされ裸になり、放尿するところである。あまりにも唐突で、しかも大胆に放尿が行われるので、びっくりしたが、底抜けのエロチズムに大笑いさせられた。佐渡では木の助の放尿をあびると子宝に恵まれるとも言われているという。日本にしてはおおらかな明るい性が発露した道化寸劇といえる。

伊勢大神楽のチャリ

歌舞伎の道化とは違うルーツをもった道化が、伊勢大神楽に登場する「チャリ」である。伊勢大神楽は、かつては伊勢神宮、現在では伊勢大神楽の神札を配布してまわる神楽師で、現在も西日本を中心に、代々受け継がれてきた旦那場と呼ばれるお得意さんの家を巡回しながら、各戸で竈の穢れによる竈祓、火難防止の火伏せの祈禱神事、門付けの獅子舞を演じている。

伊勢大神楽のチャリ。筆者撮影、2007

現在五団体がそれぞれ毎年決まった場所を巡回するのだが、毎年一二月二四日に伊勢大神楽の本拠地である三重県桑名にある増田神社に集まって、奉納のための演技を見せるのが総舞である。各社中にとってはこの日が旅の始まりとなる。ここで祈禱し、一年間の旅で鍛えあげた芸を奉納し、それからまた一年の長い旅につくのである。

私は二〇〇七年に六団体が参加した総舞を見ている。このときは二時間半の奉納演技となったが、実に見応えのあるもので、「放下芸（ほうけげい）」と呼ばれる曲芸のレベルも高く、しかもサーカスの世界では見られない独特の曲芸が次々に披露されるので、思わず歓声をあげながら見ることになった。まちがいなく世界でも十分に通用するサーカスショーと言っていいものだった。

この年は鈴の舞、四方の舞、跳びの舞、扇の舞、綾採りの曲、水の曲（長水、半水、突き上げ）、皿の曲、手毬の曲、吉野舞、献灯の曲、神来舞、毬獅子の曲、剣三番叟の曲、魁曲の一四演目が演じられた。舞とつくのが獅子舞で、曲と呼ばれている綾採りの曲、水の曲（長水、半水、突き上げ）、皿の曲、手毬の曲、献灯の曲、毬獅子の曲、剣三番叟の曲、魁曲が放下芸である。ジャグリング系の曲芸が多いのだが、みな完成度が高い。

総舞を見て、とりわけ驚き感心したのは、この放下芸に絡んでくるチャリと呼ばれる道化役だった。総舞の公演自体がサーカスのようにさまざまな芸と舞から成り立ち、その中でつなぎ役として、さらにはパロディを演じたりと、ヨーロッパのサーカスのクラウンと同じ役割を果たしているのに驚いた。

総舞のような総合的なショーを演じるときに、つなぎ役としてチャリが必要となり、そここからこの道化役が生まれたとするなら、伊勢大神楽のチャリは、日本のクラウン史の一頁を飾ることになる。このことを伊勢大神楽研究の第一人者である大阪城博物館館長の北川央氏に尋ねたところ、次のような回答をいただいた。

「伊勢大神楽の『チャリ』ですが、私は伊勢大神楽の成立時から存在したのではないか、と考えております。伊勢大神楽については、私は、一七世紀初頭に成立したと考えておりますが、伊勢大神楽の担い手は声門師（民間陰陽師）だったと思われ、そのベースは、中世に流行った、声門師たちの芸能『曲舞（くせまい）』にあると考えています。『曲舞』から伊勢大神楽以外にもさまざまな芸能が派生して成立しましたが、いちばん代表的な芸能は『萬歳』で、（中略）三河国においては萬歳と伊勢大神楽は同じ村落の人々が演じています。伊勢大神楽の放下師と『チャリ』との掛け合いはまさに萬歳そのもので、伊勢大神楽の放下師と『チャリ』とは萬歳における太夫と才蔵に相当し、成立当初から存在したのではないかと考えております」

大神楽と萬歳が三河で一緒に演じられ、そもそもからいって同根から生まれたものであるというのは実に興味深い指摘である。

伊勢大神楽はいわば道の芸として現在も演じられているが、同じルーツをもっていた熱田派の流れを汲む太神楽は江戸に渡り、寄席芸や芝居小屋の中で演じられる江戸太神楽へと姿を変えていく。江戸太神楽もいくつかの家元があり、それぞれの社中に属する芸人たちは、いまでも寄席でなくてはならない色物を演じ、人気を博している。江戸太神楽でもチャリと同じような役割を果たす茶番がなくてはならないものとなっている。

昔はお祭りの屋台などに太神楽の一座が招かれ、朝から夕方までぶっ通しで芸を披露することがよくあって、そうなると、獅子舞や曲芸だけではとても時間がもちませんから、芝居のまねなどを取り入れる必要があったわけです。だから、茶番のレパートリーは実に豊富で、「忠臣蔵」や「塩原太助」「曾我兄弟の仇討ち」などさまざまなものが題材になっています。

（鏡味仙三郎『太神楽　寄席とともに歩む日本の芸能の原点』）

つなぎ役だけでなく、後見と演者の掛け合いの面白さは、二人組の大神楽の魅力のひとつである。

このように日本の芸能の中にはクラウンの先達となるような道化役者がいたのである。

第四章　近代サーカスのクラウン

スリエサーカスと歌舞伎

さて、クラウンが最初に日本にやって来たのはいつなのだろう。

一八六四（元治元）年、アメリカ人リズリーが香港から一〇人の団員と八頭の馬を呼んで、横浜外国人居留地で公演を行った「中天竺舶来軽業（ちゅうてんじくはくらいかるわざ）」が、海外のサーカスが初めて日本で公演したものと言われている。三頭立てや火の輪くぐりなどの曲馬のほか、玉乗り、鉄棒などが演じられた。

この公演はどちらかといえば外国人向けのものとなり、日本人の観客は少なく、話題にもならずすぐに公演は打ち切られた。この公演に関しては錦絵が何点か残されているが、ほとんどは曲馬の絵で、クラウンらしき芸人を描いたものはない。クラウン的な役柄をしていた芸人はいたかもしれないが、クラウンとして出演した芸人はいなかったのだろう。

次に来日したサーカス団は一八七二（明治五）年に来日したフランスのスリエ曲馬団である。日本人にとってはこのサーカス団の方が中天竺舶来軽業よりははるかになじみが深く、反響も大きかった。はたしてこの中にクラウンはいたのか？

当時の新聞広告や新聞記事には公演の演目も紹介され、ポスターとなる錦絵などもたくさんあるが、ほとんどは馬を使った演目で、クラウンが出演していたという記録は見当たらない。

スリエ曲馬団が当時大きな反響を呼んでいたことを裏付けるのは、歌舞伎でこのサーカス人気をあてこんだ狂言が演じられていることである。一八七二年五月二日より東京浅草猿若町中村座で「音響曲駒鞭（オトニキクキヨクバノカワムチ）」が上演されている。『続・続歌舞伎評判記』によると「此頃渡来したる西洋曲馬をあて込みたる新浄瑠璃目新らしとて大請けなりし」とあるので、こちらもサーカス人気に乗じて評判をとったようだ。新しもの好きとして知られる菊五郎らしい演出といえる。

> 明治五年の三月頃、三田の薩摩原（今の四国町）に西洋人の親子の曲馬が掛った事があったので、新人の菊五郎は直ぐにそれを見物に行って、新浄瑠璃を書かせて四月中村座で、東京の曲芸西洋の技芸「音響曲駒鞭」として出した。其時の役割は、芝翫が異人スリエを勤め（是れが親爺で指揮者）て、菊五郎は其忰の異人ジョアン（道化師）で、其妻君を三津五郎、又子供のボメを菊之助が勤め、馬の前足は幸蔵（今の）後足を芝太郎が勤めて居たが、其時の番付が振って居る。それにはお囃子連中に西洋ラッパ菊川元次郎、住田長三郎、オルゴール中村寿鶴、田中佐太郎、田中伝八、岸田門左衛門、モッキン田中伝四郎で、著述作者河竹其水（後の黙阿弥）と番付へ記したのも

新らしい（西洋楽器を日本で舞台に用いたは是が始めであろう）試みで、其時此の西洋人は菊五郎の家へも度々遊びに来たそうである。

（伊坂梅雪『五代目菊五郎自伝』先進社、一九二九）

ラッパやオルゴール、木琴を使ったという音楽も斬新だが、なにより興味深いのは菊五郎自ら道化師を演じたと語っていることである。広告や記事では出ていなかったが、もしかしたらスリエ曲馬団で、スリエの息子が道化師を演じていたのかもしれない。

チャリネの道化師ゴットフリー

次にやって来たのは一八八六（明治一九）年に来日したイタリアのチャリネ曲馬団だった。このサーカス団はスリエ以上に大きな話題を呼んだ。スリエ曲馬団は西洋曲馬がメインだったが、チャリネ曲馬団は、馬だけでなく象やライオンのショーも入った本格的な動物サーカスで、天皇も観覧するなど大評判となった。チャリネ曲馬団の演目の中にははっきりとクラウンの演目が入っている。

「日本のサーカス史に、最初に西洋道化師の名前が登場したのは、チャリネ・サーカスの道化師ゴットフリーである」（阿久根巌『サーカスの歴史』）とあるように、彼の名前と共に本格的なクラウンが日本に現れたということになる。

菊五郎は、スリエ曲馬団来日の時にかけた「音響曲駒鞭」が大評判をとったのにならって、今回も「鳴響茶利音曲馬（ナリヒビクチャリネノキヨクバ）」という新作浄瑠璃を上演し、自らチャリネ、一本足の芸人、象遣い、虎の調教師に扮している。この演し物の出演者の中には、「道化師ミストルゴットルフレーム（博五郎）」とあるので、ゴットフリーはそれなりに知られていたのかもしれない。

「チャリネ大曲馬御遊覧ノ図」。『国立劇場蔵　見世物資料図録』独立行政法人日本芸術文化振興会、2021

拡大図

彼がどんな演技をしたのか、断片的な記録しかないが、それを見てみよう。

明治一九年九月四日「郵便報知新聞」に上演プログラムが出ているが、一五演目のなかの一一番目が彼の出番だったようだ。「第十一　英人ゴットフレ氏の滑稽茶番狂言」とある。

九月二二日「時事新報」には実際に演じた内容について記事がでているが、これは彼がチャリネの演じた馬のショーに絡んだもので、この日から新たに加わったものだった。

「鳴響茶利音曲馬」。馬事文化財団馬の博物館 編『馬のサーカス・大曲馬』馬事文化財団、2009）

拡大図

チャリネ氏の指揮に従ひて二馬の種々なる技芸を為すは前回同様にて、此技の終るや、馬一頭は後に残り、一頭は掛屋へ引戻ると同時に、例の道化先生異様の扮装（いでたち）にて出で来り、紅白二筋の手拭を小箱の中に蔵（かく）し、或は土を掘りて之を埋むるに、馬は速かに此所彼所を嗅ぎ歩行（ある）き、小箱の蓋を開き、或は土を掘り返して手拭を見出し来りて、之を口に噛（くわ）へてチンチン躍（おどり）を為す。

この年の一一月一日には天皇皇后両陛下が観覧する天覧公演が行われたが、このときもゴットフリーは単独で狂言を演じるというよりは、演目の中に絡んでいくことで笑いをとるサーカスのクラウン本来の役割を遺憾なく発揮していたようだ。天覧公演を詳細にレポートした一一月三日の「東京日日新聞」で次のような記事を見ることができる。

第五　ミス、・イタ・ストドリ女の馬上曲乗狂言（但ゴットフレ氏の手合茶番狂言）。

第七　美麗なる豪洲産の黒王と称する黒馬の狂言（但チャリネ氏の指揮幷ゴットフレー氏の合手にて滑稽の茶番狂言）。

第九　チャーレス・ストドリ及びウイレール・ローラン両氏馬上ジョンブールの狂言

（但ゴットフレー氏の合手にて面白き茶番狂言を演技す）。
十五分間休憩
第三　ウイレール・ローラン氏の駿馬曲乗狂言幷にゴットフレー氏の茶番狂言。

クラウンに心を奪われた中勘助

チャリネのあとも、外国のサーカス団が来日公演をしている。これらの公演の招聘元となったのは大阪の興行師奥田弁次郎である。奥田はチャリネサーカスのあと、一八八九年にオーストリアのヴォロージサーカス、一八九二年にアームストンサーカスと立て続けにサーカス団を招聘していた。

ふたつのサーカス団にはクラウンが出演、大活躍していた。ヴォロージサーカスでは、集団によるクラウンの寸劇が演じられ、チャリネ曲馬団とは一味ちがう道化芸を見せることで、新鮮味をだそうとしていた。

「一人娘に聟四人の道化にて、言語不通の者迄も其所作の可笑しさに腹を抱へたりし」（明治二二年一〇月一六日「時事新報」）

「其他茶番狂言中、其滑稽の巧みにて、道化所作事の奇と呼び妙と叫び、抱腹絶倒せしむべき者尠からざるなり」（明治二三年一月三日「大阪朝日新聞」）

「ヘクトルの滑稽、此のヘクトル、片言に日本語を使ふは一寸受けたり」（明治二二年四月一〇日「大阪毎日新聞」）

「此の曲馬の間には、例の如く道化を演じて興を添へたれば、中々に愛敬ありて面白かりし」（明治二二年六月一五日「郵便報知新聞」）

カタコトの日本語を使ったり、芸の合間に登場して笑いをとったりと、日本のサーカスにはない、つないで笑いをとるという手法でヨーロッパのクラウンたちは日本になじんでいく。

アームストンサーカスのクラウンたちもみな芸達者で、チャリネのゴットフリーやヴォロージサーカスのクラウンたちのように芸に絡んでいくことで笑いをとり、また芸を引き立てていったように、多才な芸を披露していた。特に玉乗りは日本の観客を驚かせたようだ。

「例の道化方ダンフエレーが両足に木の接足（つぎあし）を仕ながら自由に返り廻るは愛嬌あって面白し」（明治二五年八月四日「大阪毎日新聞」）

「道化玉乗等、最も観客の拍手を得たり」（明治二五年八月二三日「郵便報知新聞」）

「婦女子には一層面白き演芸なり。此の前後に於て数回の茶番あり、時々観客頤を外すの可笑味あり。白坊主が竹馬の道化所作に至りては、一層の喝采を博せり」（明治二五年八月二七日「毎日新聞」)。
「狸の如き便腹(べんぷく)せる滑稽漢と阿呆紳士との球乗りは、入歯を吹き飛ばせし老人もあらむ。球は人と転び、人は球とまろび、その笑もそれに連れて底止(とめど)なし」(明治二五年九月一六日「郵便報知新聞」)

入れ歯を吹き飛ばすというくらいだからどれだけおかしかったのだろうと思うが、このアームストンサーカスのクラウンに心を奪われていた作家がいた。『銀の匙(さじ)』で知られる中勘助である。

私が本当の曲馬を――サーカスなどいう言葉は使われなかった。――見たのはそれから幾年ののちアームストンというのがきた時である。(中略)原にはすばらしく大きなテントが円く張られていた。これが最初の驚異であった。そんなテントを見るのは勿論はじめてだし、テントからは雨が漏らないということを知ったのもはじめてだったろう。居留地はしらず、東京でさえ西洋人といえば虎や象と同じぐらい珍しかったじぶんのことゆえテントのなかは驚異の連続で、まるで不思議の国であり、無上の楽園でもあった。なかでも面白かったのは異人の道化――ピエロという言葉も知らなかった。――だった。おしろいをまっ白につけて珍妙な様子をしたのがとんちんかんなことばかりして仲間に笑われたり叱られたりする。かと思えばとても上手に逆立ちをしたり宙返りをしたりする。そういうふたりが馬場の反対の側に遠くむかいあって、ひとりのほうがいくつも重ねて被った筍帽子をひとつずつとっては相手のほうへ投げてやる。くたくたな筍帽子がしゃんと生きて独楽みたいにまわりながらねらいたがわず飛んでゆくのを相手は自分の被った筍帽子のうえへちょうどよく重なるように頭でちょんとうけとめる。そしてへんないきみ声で、メヒトチュという。モヒトツなのだ。その面白さが忘れられず、その後暫くの間まねをしたことをおぼえている。

（中勘助「チャリネ」、角川書店『中勘助全集』第二巻、一九六一）

日本における西洋道化師

この後もロシアのバロフスキイサーカスのスラドク兄弟やダニーロフ、コスモポリタン・ヒッポドロム国際大演技団のクリストフとパウルなどのクラウンたちは日本の観客を楽しませていた。これだけ人気を得たクラウンたちを真似よう、あるいは自分の演技に取り入れようとする日本のサーカス芸人やサーカス団はあってもいいと思うのだが、その形跡はまったく見られない。

『見世物関係資料コレクション目録』に収められている明治期の日本サーカスのチラシや

新聞記事などを見ても、日本のサーカスに日本人がクラウンを真似して、演じたという例を見出すことはできない。

明治から昭和までサーカスに関係する新聞記事を調べつくした阿久根巌は『サーカスの歴史』のなかで、「曲芸の間をつなぎ、緊張した場内に笑いをもたらす道化師といえる芸人が、日本のサーカスでは現在まで育っていない」と日本の近代サーカス史のなかでのクラウン不在を嘆いているが、ひとりだけ才能豊かなクラウンがいたと伝える。

> 大正の初期、佐藤天右という、コミックがとても上手かった芸人がいた。インテリの佐藤は、ヅマ（奇術）師あがりで、煙のコミック芸の元祖でもあり、大いにそのカラクリを活用し、ハゲヅラをかぶって、頭からパッと煙を出したり、なぐられると目から水がピューッと飛びでたり、眼鏡からも水を出し、ヒバリの鳴声は天下一品であったという。
>
> （阿久根巌『サーカスの歴史』）

この佐藤天右だが、マジックが本職、しかも戦後奇術協会の会長までつとめた大物マジシャンであった。彼の経歴を見てみよう。

本名は佐藤良之助。明治三八年（一九〇五）欧米巡業から帰国した初代天一一座の再結成に参加。天良と名乗り、時計の修繕の演目を得意とした。四四年に引退した天一から天右の名をもらい、ホスコ改め天左と松旭斎青年団（天右・天左一座）を結成。しかしまもなく解散し、大正三年（一九一四）には妻の松子とともに初代天勝一座に入座した。一二年以前に天勝一座を退座しており、後には道化師として活躍、一時期、サトウ天右と称している。煙のコミック芸を得意とし、頭から煙を出したり、目や眼鏡から水を飛び出させる芸を見せた。戦後は日本奇術協会名誉会長も務め、子の小天右（佐藤辰雄）が二代目を襲名している。

（『日本奇術文化史』）

これほどマジックの世界で高名な男がなぜクラウンとして舞台に立ったかはわからないが、彼の演じたクラウンの演技について、一緒に働いたことがあるマジシャンのハリー長谷川はこのような回想を残している。

天右はまったく笑わずに芸を演じる道化師であり、天右・小天右・清水二郎の三人で演じていた。彼らの芸はたとえば次のようなものであった。まず小天右と清水がラケットを投げ回し、その狭間に道化師姿の天右が入る。天右は、ラケットが耳をかすめる瞬間にサッとよけたり、「ハゲヅラ」の頭から煙をだしたりしながら、最後には赤い鼻と「ハゲヅラ」を外してしまう。

（青木深『めぐりあうものたちの群像――戦後日本の米軍基地と音楽 1945-1958』）

佐藤天右はサーカスでもクラウンとして舞台に立ったことはあるのだろうが、いわば外部の人間で、日本のサーカスではヨーロッパ風のいわゆる正統派クラウンは育たなかった。その原因のひとつは日本のサーカスで、つなぎの役を口上役（司会のようなもの）がやっていたことである。演目と演目の間をクラウンでつなぐのではなく、口上でつなぐというスタイルが固定され、それを変えることができなかったからではないか。それを裏付けているのは、チャリネサーカスを見たある識者の次のようなコメントである。

「入替り立替り、聊かの隙間も無く引続き興行せしは、看る者をして少しも倦ましめず、之を在来日本人の興行物の優柔緩慢、長々しく口上を述べ立て、幕合を長くし、看客をして欠伸を堪へ、小言を言はしむるに比す可きに非ず」（「読売新聞」明治一九年九月一五日）

演目と演目の間は口上でつないでいくというスタイルはつい最近までの日本のサーカスのやりかたであった。クラウンによってテンポよくつないでいくということは、日本のサーカスでなじまなかったということだろう。

もうひとつは、クラウンになろうとする芸人がいなかったことである。日本のサーカスでクラウンは軽業や曲芸の第一線をしりぞいた芸人の、いわばなれの果ての役だった。阿久根は日本のサーカス関係者の話として、こう書いている。

外国では、道化師は一流の芸人であると認められ尊敬もされているので、若い人で最初から希望する者が多いが、日本では曲芸をマスターした芸人の中から、第一線を譲る年令になると、まま道化役に廻された。これは一つのジャンルに入るというよりも、人の嘲笑を受けるあわれな存在に格下げされたという気持を、自分も周りの者も持つことになってしまう。こういう観念があるため、道化専門の芸人を希望するものもないし、三枚目に廻り、白粉を塗ることに、特に若い芸人は恥辱感を抱いているという。

阿久根が佐藤天右の他にもうひとり高く評価したクラウン安松政数も、新聞の取材のなかで「若い人は顔を塗るのをいやがり、なり手がない」と嘆いていた(「毎日新聞」一九七三年三月二日「日本有情第5話『旅のサーカス』で……」)。

嘲笑を受ける哀れな存在である道化師というと思い出すのは、『殴られた彼奴』という映画である。一九二四年に公開されたこの映画は、ロシアの世紀末作家アンドレーエフの戯曲をヴィクトル・シェーストレームが監督したものである。優秀な科学者が妻にも、信頼していたパトロンにも裏切られ、サーカスのクラウンに身をやつし、殴られることを見世物にするという痛ましい話である。この作品は日本でも上映されているが、その前に芝居となり、早くから上演されていた。クラウンはおちぶれただけでなく、嘲笑される存在だというイメージは根強く日本人の中に存在していたということなのかもしれない。

第五章　美術に描かれたクラウン

展覧会『道化たちの詩』

一九九七年初夏、北海道立三岸好太郎美術館で、『道化たちの詩(ポエム)――日本近代美術における〝道化〟』という展覧会が開かれ、明治期から第二次大戦頃までに主に日本人画家が描いたクラウンの絵約六〇点と関連資料が展示された。

この前年に神奈川近代美術館で『サーカスがやって来た』というサーカス絵画、彫刻や写真などを集めた大規模な展覧会が開かれたのをはじめ、サーカスをテーマにした展覧会は何度か開催されているが、クラウンに特化させた展覧会は、それまでもその後も開催されていない。日本の近代絵画で道化師をテーマとした作品が一堂に会したという意味で画期的な展覧会となった。

ここに展示されたのは恩地孝四郎(おんちこうしろう)、川上澄生(すみお)、川西英(ひで)、東郷青児、小柳正、須山計一、小林和作、横手貞美、林重義、柳瀬正夢(まさむ)、鳥海青児、国吉康雄、そして三岸好太郎など二五名の画家が描いた道化師像だった。

企画した学芸員苫名直子はこの展覧会の意義について、「日本近代美術における多彩な画家たちによる道化像を見ることで道化の意味合いや、日本人と道化の関わりの一端を検証しようとするものである」と書いている(図録『道化たちの詩』)。

ここに集められたクラウンの絵をみると、どれも日本ではなく、海外のクラウンをモデルにしていることがわかる。前章で日本の近代サーカスのなかで道化師はなれの果て、そして嘲笑にさらされる存在だったと書いたが、それに旅に明け暮れる、哀れで惨めな存在というイメージが加わり、日本の道化師には暗く貧しい影がつきまとった。

苫名は、ある美術評論家が公募展に出品された道化師を描いた作品を評するときに、「ルンペン道化役者を描いて」という言い方をしていたと紹介しているが、そうした認識がつきまとうなかで、モデルとして使えなかったことがあるのだろう。

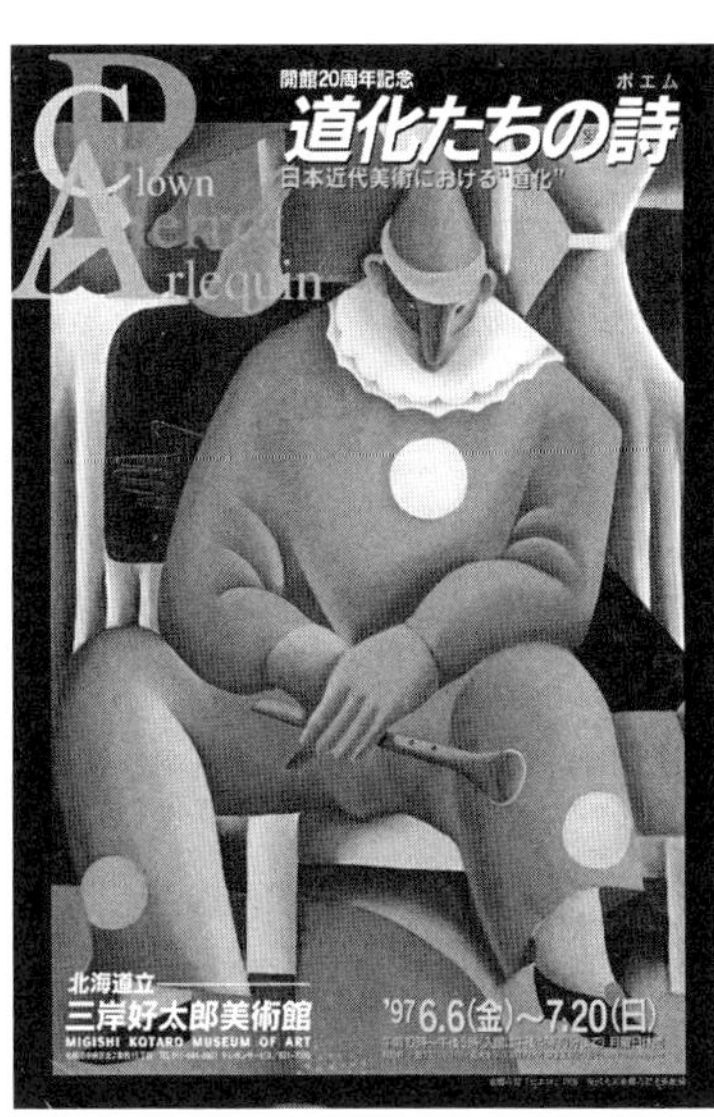

『道化たちの詩』チラシ。北海道立三岸好太郎美術館、1997

もうひとつはクラウンを描いた画家たちのほとんどが滞欧の経験をもち、実際にサーカス場で一流のクラウンたちを見ていることがある。林重義の「レ・フラテリニ」（一九三〇）は、フランスの有名なクラウン、フラテリーニを、また前田藤四郎の「道化者」(一九三四)は、スイスの名クラウン、グロックを描いている。
苫名はこうした日本人画家たちが描いたクラウン像の多くが、自分を重ね合わせたものではないかと論じる。

近代日本における道化像は、芸術家たちの海外経験や研究心、豊かな感受性などにより、意外なほどの多様性を示していた。しかし、その中でやはり悲哀感を漂わすものが重要な位置を占めるのであり、それらは単なるモデルへの哀れみの表現ではなく、近代的自我意識のもと、時代背景に根ざした不安や悩みをかかえる画家の自画像であった。(前掲書)

自画像という意味で、この展覧会の中心となっている、三岸好太郎の描いた道化師像は注目される。

三岸好太郎の道化師

札幌で生まれた三岸好太郎は、三二歳という若さで夭折したが、なによりも驚かされるのは、彼のカメレオンのような作風の変化である。ルソーばりのプリミティブからはじまり、道化師を描いていた時期のルオー風、そして晩年にはシュールレアリズムまでとりいれ、パリ近代絵画の系譜そのままをあっという間に自分の系譜としてしまったところにこの画家の本質があった。

クラウンを描いたほかの画家たちのように、一度もパリに行かず、パリ画壇の尖鋭的なものを自らのものにしたところに彼の天才はあったのかもしれない。彼が海外に行ったのは上海だけだが、ここで彼は画家としての大きな転機を迎える。クラウンと出会ったのである。

一九二六（大正一五）年、三岸は友人の岡田七蔵と中国の上海、杭州、蘇州を旅行、その中で特に上海で見たサーカスのクラウンに強い共感をもち、一九二九（昭和四）年四月に「少年道化」を出展したのをきっかけに、「マスクせる道化」（一九二九年）、「猫」、「道化」（一九三一年）などで二十数点の道化像を一九二八年から三二年の間に集中的に制作している。

クラウンを描いた他の画家たちのように渡欧の経験をもたずして、これだけのクラウンを描いたのは、ひとつにはルオーの影響があったことが考えられる。

クラウンを描き続けたルオーの絵をすでに何点か見ていた三岸は、持ち前の鋭敏な感性と旺盛な開拓精神で道化のテーマを自己のものとしたのだ。

彼の評伝小説を書いた田中穣は「白く厚化粧した顔、目のまわりの太いくまどり、頬に大きな円を描き、顎の下にひだのよったフリルをおくと、その表情はまちがいなく少年の日の自分に似てくる。フリルを除き、鼻の先の化粧を強め、ひたいにしわをひき、老いた感じを描きこんでも、それもまぎれもない自画像になる」（田中穣『三岸好太郎』）と書いているし、苫名も「当時三岸は自己の新たな絵画スタイルを模索しつつ、自分よりも年齢、経験、実績のいずれにおいてもまさる仲間たちの間で背伸びをし、苦闘していた。多くは単独で静かに物思いに耽る姿で描かれる三岸の道化は、ほとんど自画像を残さなかった彼の心の自画像といえよう」（前掲書）と彼が描くクラウンが自画像であったという見方をしている。

彼に大きな霊感を与えたのは上海のサーカス団で見たクラウンなのだが、このサーカス団は日本のサーカス芸人とも縁の深いイザコサーカスであった。

イザコサーカスと日本人

三岸好太郎は『上海の絵本』の中で、イザコサーカスについてこう書いている。

カルトンの夜光時計がP、M、Q。テント張りのイサコ、サーカス。曲芸、奇術、体操、槍使い、立派は髭を持ったライオン使い、象の曲芸、その中を道化が出たり入ったりする。バラバラと雨がくる。鳥打帽を伊達にかぶった若い男、派出な支那服の女、見物人は腰を上げる。救いを求める様に引きとめる為めの楽隊がより一層高音に奏される。

パット、美しい色電気と共に黒い燕尾服の可愛い少年とドガの踊り子の様に桃色の舞踊服をつけた軽い少女が現れる。

手をつないで軽く軽く踊る、どこかの隅から花束が贈られる可愛い愛嬌でそれを受とめ、アンコール、アンコール。雨は未だやまない。帰ろうとする客が多い、ジット見惚れて居るのは彼氏、そこへ白い馬、立髪に奇麗な飾りをつけて調馬師と共に現れる。見物人のザワめきがとまる。一回のギャロップがすむと白馬は二本の前足を揃えておじぎする、立ち上って又くるくる、ギャロップがすむと前足を揃えておじぎする。

帰りには星がキラキラ。

（図録『上海の絵本——中国のモダン都市の詩』）

このサーカス団はもともとフランスのサーカス団で、革命前はシベリア各地を巡業していた。拙著『明治のサーカス芸人はなぜロシアに消えたのか』でも書いたが、「ハラキリショー」でロシア各地にセンセーションを巻き起こした日本のサーカスグループ「ヤマダ」は、イザコサーカスのアルハンゲリスク公演に出演していた。ヤマダグループ以外にも、カマキチという日本人の芸人がここで働いていたことがわかっている。このサーカス団は革命後の混乱のなか、中国大陸へと活動の場を移すことになるが、最初にハルビンで公演するのは、一九一三年のことだった。

一九一三年、ハルビンにレフ・フランツェビッチ・イザコのサーカスが初めてやって来た。このサーカス団はなにより美しく、そして見事に調教された支配人自ら調教する馬のショーで有名だった。調教師と一緒にデビューしたての五歳になる彼の娘シューラも舞台に立っていた。古老たちの話によると、このサーカスは人気絶頂だったころのバロフスキイサーカスを思い出させるとのことだ。

イザコサーカスはハルビンに何度かやって来た。革命前最後にやって来たのは一九一六年一一月のことである。この時はディアゴハナリアとザボドスカヤ通りの角に建てられたサーカス場で公演していた。ドイツに宣戦布告した時、イザコは自分のサーカス場とすべての馬四二頭をサーカス団の誇りにかけて国家に献上すると宣言した。

（中略）新聞やサーカスファンの評によると、シューラ・イザコの才能は見事に開花し、第一級の乗馬師として、さらにはバレリーナとなっていた。

アーティストの中で抜きんでていたのが、音楽クラウンのカマキチファミリーであった。この家族の歴史はなかなか興味深いものがある。父は日本人で若い時にサーカスに入った。そのあとサーカスの支配人となり、ロシア中を巡業していた。カフカーズ地方を公演しているときに、カマキチは、美しいアルメニア女性と結婚、コンスタンチノーブルで息子が生まれ、サーカスで働くようになる。この息子は見た目には日本人なのだが、まったく日本語が話せず、自分をロシア人だと思っていた。カマキチと奥さんは、素晴らしい技量と演技力で、たくさんの面白いそして楽しい技を見せていた。

（メリホフ『満州遠きもの近きもの』）

革命のあとイザコサーカスはハルビンに残り、二〇年代にはここにサーカス場を構え、美しい曲馬さらには、世界中の選手が参加する伝統的なレスリング選手権などで人気を誇っていた。そしてハルビンではカマキチファミリーもレギュラー出演者として働いていた。

三岸が上海にいたときに、イザコサーカスはハルビンから上海に巡業公演していたと思われるが、ここでこのカマキチの息子がクラウンとして働いていたことは十分に考えられ

三岸好太郎「立てる道化」。北海道立三岸好太郎美術館

三岸好太郎「道化役者」。北海道立三岸好太郎美術館

る。

三岸の「道化役者」（一九三二）、「立てる道化」（一九三二）で描かれているクラウンは、欧州人の顔ではない、自画像として自分を重ね合わせていたかもしれないが、日本人でもない、どことなくアジア的な雰囲気をもっている顔に見える。もしかしたらカマキチの息子をモデルにしていたのかもしれない。

大衆娯楽雑誌『ヨシモト』の道化師たち

『道化たちの詩』展では、参考資料として昭和初期に吉本興業が刊行していた大衆娯楽雑誌「ヨシモト」の表紙に描かれたクラウンのイラストが五点展示されている。グロックや典型的なオーギュストなど、日本ではあまり知られていないヨーロッパの寄席の雰囲気を伝えている。このイラストを描いていたのは林重義、田口省吾、宮田重雄、益田義信、伊藤廉といった名だたる画家たちであった。

林は、フランスのフラテリーニ兄弟をモデルにしたものやピカソばりのアルルカンと題された本格的な油絵も描いている。

グロックがバイオリンを弾いている姿をイラストにした田口は一九二九年から三二年までフランスに留学している。彼はのちに歌手淡谷のり子を専用モデルにしていたことで知られている。ちなみに作家高井有一は田口の長男である。

大衆娯楽雑誌「ヨシモト」昭和11年8月号表紙

宮田重雄は医学博士で、一九二七年パリに留学しパスツール研究所で血清研究のかたわら絵を描き、ユトリロ、アンリ・ルッソーの影響をうけ、その後の画風をつくることになる。興味深いのは「ヨシモト」の表紙を描いている伊藤廉とは中学が同じ、一緒に絵を描いていた仲であったことだ。祖父が三井物産創業者益田孝、父は劇作家の益田太郎冠者という益田義信も一九二八年にパリに留学している。ここで宮田重雄、伊藤廉、林重義、佐分真と親しくつきあっていた。

こう見ていくと、「ヨシモト」の表紙を描いた画家たちはパリ留学をして、しかも仲間同士だったことがわかる。サーカスや寄席などを一緒に見ていたのかもしれない。そんな楽しい思い出を気楽に描ける場を「ヨシモト」は与えてくれた。

雑誌自体は、吉本興業が所有する花月劇場のその月の番組や漫才や落語、漫談などのお笑い番組の紹介など吉本の宣伝がほとんどで、サーカスやクラウンに関係するエッセイとか論評が出ているわけではない。ただ表紙のデザインを一流の画家に依頼しているということは、この雑誌の矜持にもなっていたようだ。

「先ず表紙は画壇の重鎮、田口省吾氏に、特に本誌の為にご多忙中お願いして、頂いたものです。小誌ながら毎号画壇の著名人にご執筆を願っている事に関しては何時も誇らしく感じております」（昭和一一年八月号編集後記）

この編集後記を書いたのは、放送作家として知られ、さらに戦後帝塚山学院短期大学学長をつとめることになる長沖一（ながおきまこと）である。

東大の学生左翼団体「新人会」の有力メンバーだった長沖は、武田麟太郎、秋田実、藤沢桓夫と共に『辻馬車』という文学誌をつくっていた。およそ一年の兵役を終えて一九三〇年に東京に戻り、軍隊生活での一人ひとりの兵士の姿を飄々と浮き彫りにした小説『肉体交響楽』を書きあげる。知人の紹介であちこちの出版社に持ち込むが、女郎屋へしけこむ一等兵の情景を淡々と描くような、戦意高揚に水をさす小説を掲載するところはなかった。

内輪で読んだ仲間たちによって、幻の傑作とされたこの作品が日の目を見るようになるのは、一九八一年のことである。雑誌『中央公論』に司馬遼太郎の「昭和五年からの手紙――長沖一とその世代環境」とともに初めて紹介され、長沖の名は再び注目を浴びることになった。

そんな彼が、反戦的な小説を書いたことで、小説家としての道をふさがれたとき、高校・大学の同級生で、すでに吉本興業で働いていた秋田実から紹介してもらい、「ヨシモト」の編集をすることになるのである。

作家庄野潤三の兄英二との対談で長沖はこの間の経緯について次のように語っている。

長沖　……ところが、その時分のことで、次から次へ捕まるもんやから壊滅状態で、しまいには誰もおらんようになった。残った者も逃げてしもうてね。しょうがないので、大阪へ帰ってきたわけです。秋田がすでに吉本興業におって、雑誌を出してるからどうやということで、僕は漫才書いたりようせんけど、雑誌の編集ならまあできるやろ言うてね。

庄野　そのときの雑誌というのは、どんな?……。

長沖　吉本のPR雑誌ですが、わりあい綺麗な雑誌でしてな。宮田重雄さんとか、そのほか二科の絵かきさんに表紙を画いてもらったりしてね。

（長沖一『上方笑芸見聞録』）

長沖は、東京大学文学部の美術史学科を卒業している、PR誌ではあるが、せめて表紙だけでも、ヨーロッパの香りが漂うような寄席の雰囲気をだしたいと思ったのかもしれない。

「ヨシモト」は、昭和一〇年八月から一二年七月まで発行された。この表紙のほとんどはクラウンとサーカスのイラストで、いま見てもなかなか楽しいものばかりである。

クラウンを描き続けた岡部文明

シャガールやルオーは生涯にわたってクラウンやサーカスを描き続けた。ルオーは「クラウンは自分だ」ともいい、クラウンを描き続けた。三岸好太郎をはじめ、先に紹介したクラウンを描いた日本の画家たちが、シャガールやルオーのようにサーカスやクラウンを追い続けたとは言えない。先にあげた画家では川西英がサーカスを描き続けていたが、クラウンを描いたものは少ない。

そうしたなかサーカスのクラウンだけを描き続けた日本人画家がいる。岡部文明である。二〇一九年九月、日本で初めて開催されたラグビーのワールドカップで日本中がわきあがっていたとき、横浜の赤レンガ倉庫ギャラリーで、『岡部文明二〇一九展』が開催され、彼が描き続けてきた一二〇〇点にものぼるクラウンの絵が展示された。ワールドカップの開催地である横浜でこの展覧会が開かれたのは、岡部自身がかつてラガーマンだったからだ。

岡部文明は一九四八年、福岡で生まれた。高校時代ラグビー強豪校のフォワード第一列というハードなポジションで活躍、二年生の夏には国体メンバーに選ばれるほどの実力だったが、国体が開かれた岐阜で、社会人チームと練習試合中に頸椎を損傷するという大事故に見舞われてしまう。両手の握力と両足の自由を奪われ、その後車椅子生活を余儀なくされる。辛いリハビリを乗り越え、二年半ぶりに高校に復学、仲間や家族の後押しも受けて無事卒業する。

その後目標を一時失っていた岡部だが、父が以前買ってくれたルノワールの画集を手にしたことで人生は転機を迎える。ルノワールが晩年リューマチのため、手足の自由がきかなくなり、車椅子に乗りながら、手に絵筆をくくりつけてもらい絵を描き続けたという話に目が留まり、当時彼が描いた絵を見て驚く。不自由なまま描かれたものにはとても見えなかったのだ。

幼い頃から絵を描くのが好きだった岡部は、自分で先生を探し、職業画家になるための指導を受ける。技術を磨きながら、何を描くべきか模索していたある日、街角で見かけたボリショイサーカスのポスターが目に留まる。惹かれるものがあり、誘われるようにサーカス会場の門をくぐった。この門をくぐったことで、彼は生涯クラウンを描き続けることになったのである。

幕が下りて小屋の外に出てしまっても、余韻は私のなかで続いていた。やがてサーカスの一座は街を去っていったけれども、この日の感動は、むしろ日増しに私の心を高鳴らせていった。あのピエロの道化た表情は、私に何を語りかけていたのだろう。ピエロのおどけた目の動きのなかに、私は何を読み取っていたのだろうか。

私は、ピエロを描きたいと思った。私のキャンバスのなかで、あのピエロを思い切り息づかせてみたい。

（岡部文明『ピエロよ永遠に』）

翌年も福岡にやって来たボリショイサーカスのクラウンを訪ね、スケッチさせてもらったのをきっかけに、岡部はサーカスに出向き、クラウンと会い、絵を次々に描いていく。毎年福岡にやって来たボリショイサーカスの芸人たちの間で岡部は有名になっていく。岡部は日本にクラウンが来るのを待つのはもどかしいとばかりに、クラウンに会いに、アメリカ、そしてヨーロッパを旅する。クラウンたちはスケッチを描かせてくれと飛びこんでくる岡部を喜んで、そして温かく迎えた。岡部が純粋な少年のような魂で、サーカスやクラウンを愛していることがすぐにわかったからだ。

岡部が書いた『ピエロよ永遠に』と『ピエロの画家――魂の旅路』によって、三ヵ月にわたってクラウンとサーカスを求めてヨーロッパを旅したとき、どれだけ素晴らしいクラウンたちと出会い、魂を通わせていたかを知ることができる。さまざまな出会い、その中には奇跡としか思えないような出会いもあった、それを生み出していったのは、岡部のクラウンに会いたい、クラウンを見たいという熱情だった。

クラウンに賭けるこの熱い想いに応えたのが、ロシアのサーカスの仲間だった。一九八八年にモスクワのサーカス場で岡部の個展が大々的に開催された（ソ連文化省主催）。岡部がなによりサーカスを愛し、どれだけ深くクラウンを愛しているかを知っていたボリショイサーカスのアーティストたちが開催のために奔走してくれたのである。

モスクワのレーニン丘にある国立サーカス場で開催された展覧会のオープニングで、岡部はこのように挨拶している。

「サーカスは不可能なことを可能にして、サーカスと道化師は生きる喜びと夢を与えてくれます。私の人生はサーカスと道化師と出会うことで、大きく変わりました。生きる自信を失い、焦燥の日々を送っていたときに、サーカスと道化師は私に光を与えてくれました。サーカスは私が夢に抱いていたことを実現してくれました。モスクワで展覧会を開きたいという私の長年の夢がここに、たくさんの人たちの協力により、実現しました」

開幕式では、クラウンとしてだけでなく、映画俳優として数々の名画に出演（日ソ合作映画『小さな逃亡者』にも出演）している国民的スターのユーリイ・ニクーリンが「外国の画家が私たちの国にサーカスの素晴らしい絵を持ってきてくれた。この絵のほとんどがクラウンを描いたものであることが、私には特に喜ばしいことだった。クラウンはサーカスを体現している。すべてのクラウンから、この素晴らしい贈り物に対して心から御礼をのべたい」と挨拶した。

会期中連日三千から四千人のモスクワっ子が会場を訪れた。マスコミも連日この展覧会について報じたが、特に当時ソ連を代表するグラビア週刊誌「アガニョーク」は裏表紙に岡部の絵を何点も掲載するなど大々的に報じた。

カンバスの中の理想郷

岡部ほどたくさんのクラウンを描いた画家はいないだろう。岡部の描くクラウンたちは、カンバスの中で、みなそれぞれ自分たちの顔をもち、それぞれの人生を生きていた。岡部はそのクラウンたちの魂をつかみだして、岡部の心の眼を通してみえたものをカンバスに甦らせた。

私はピエロを描き続けてきた。でも、ピエロをどんなに描いても、ピエロを模しただけでは、だれにも感動を伝えられない。私の心がフィルターになって、そこからかもし出されたピエロがその唇から吐息をもらすとき、私の絵を観てくれる人たちのだれかが、私のピエロと語らいを始めてくれるのだ。
私はやっぱり、私の心を揺さぶるようなピエロたちと出会わなければならなかった。
（前掲書）

だからこそ岡部はクラウンを求め続けていたのだと思う。『岡部文明二〇一九展』で展

CIRCUS BOKABE 劇場（A Wonder Animals）岡部範子氏提供

示されたクラウンたちは、カンバスで生きることを問い続けているように見える。描かれた時代によってクラウンたちは違う相貌で現れる。チェルノブイリや同時多発テロ事件のあとに描かれたクラウンたちは、時代の悲劇を背負っているようにもみえる。

「クラウンとは生きることである」とは、ロシアのクラウン、エンギバロフの言葉であるが、岡部にとってもクラウンを描くことが生きることだった。展覧会の最後の部屋に飾られていた「CIRCUS BOKABE 劇場」と題されたシリーズのクラウンたちは安らいだ表情をして、サーカスで生きる人々や動物たちと一緒に生き生きと描かれていた。サーカスのクラウンが司祭となってできあがった理想郷がここにあるともいえる。

残念ながら岡部文明は、二〇二〇年五月肺炎のため亡くなった。享年七二歳であった。この章の最後にもうひとりクラウン人形作家阿久根チカコを紹介したい。日本におけるサーカス学の礎をつくった阿久根巌の妻でもある阿久根チカコは、寡作ではあったが、クラウンを題材にした人形をつくり、個展も何度か開いている。もともと阿久根と知り合ったときは、東宝で黒澤明のスタッフのひとりとして働いていたチカコは、阿久根と結婚してから、時間があれば一緒にサーカスを見ていた。

阿久根チカコ「道化人形」。1995年７月個展案内ハガキ

また阿久根が購入してくる古本や錦絵、さらにはサーカスの洋書を身近でみているうちに、海外のクラウンに興味をもつようになり、クラウンの人形をつくりはじめるが、なにより驚くのはその表情の豊かさ、そして身につけている衣装の精緻さである。動きはないのだが、なんともいえないふくよかな微笑み

に、思わずひきこまれそうになる、まさに人形がそのままクラウンとして見ているものを楽しませてくれる素晴らしいものばかりである。

クラウン以外にも夫巌の著書『元祖・玉乗曲芸大一座』に呼応するかのように玉乗り曲芸をする人形も制作した。たまたま個展開催中に、来日公演していたディミトリーが個展を訪れ、このなかの玉乗りの人形が気に入り購入した。何年後か彼の劇場があるスイスのヴェルシオを訪ねたとき、劇場に併設されている彼のコレクションを集めた小さなアトリエで、この人形と再会したが、展示物のなかでもひときわ目立つところに置かれていた。

第六章　クラウンの先駆者たち

エノケンのパントマイム

道化師の先駆者ともいうべきコメディアンが、サーカスではなく舞台で、身体を張った演技で、漫才とは違う新しい質の笑いを提供していった。その最初の喜劇人がエノケンこと榎本健一である。浅草オペラ全盛の一九二二年、一七歳で根岸歌劇団のコーラス部員として初舞台を踏み、「猿蟹合戦」の猿役で人気を集め、関東大震災後の一九二九年、浅草水族館の二階で旗揚げしたカジノフォーリーでの活躍から人気が急上昇した。

浅草オペラをベースに、アメリカ喜劇映画の手法をとりいれた舞台は、それまでの人情喜劇に対し、歌と踊りを盛り込んだ見る楽しみを満載した新しい喜劇となった。前章でとりあげた三岸好太郎が「日本に生きているシュールレアリズム」と呼んだ斬新な演技の中で、クラウン的だったのは、そのアクロバティックな身体の動きだった。

YouTube でいまでも見ることができる『青春酔虎伝』(一九三四年、山本嘉次郎監督)の乱闘シーンの中に、エノケンのアクロバティックなアクションが収められているが、そのスピードと身のこなしに圧倒される。銀座のビアホールで、悪漢たちに追いかけられる場面で、エノケンは吹き抜けのセットを縦横に使って、まさにジャッキー・チェン顔負けのアクションをみせる。

エノケンが二階の欄干(らんかん)から、天井に釣ってあるシャンデリアに飛び移りそのまま落下するシーンの撮影では、シャンデリアに塗ったペンキが乾かず、つかんだ手がヌルリと滑って、六、七メートルの高さから、コンクリートの床の上に、真っ逆さまに叩きつけられてしまう。エノケンはそのまま脳震盪(のうしんとう)を起こし、病院に運ばれたのだが、カメラが回っていたのでそのままその場面は使われることになった。いま見てもその迫力に驚かされる。

エノケンはデビューした頃、猿がものを食べるところを巧みに真似て喝采を浴び、それが人気を高めることになった。

榎本健一。東京喜劇研究会編『エノケンと〈東京喜劇〉の黄金時代』論創社、2003

その猿真似からはじまった彼のマイムもずば抜けていた。エノケンと何度も共演している中村是好は、マルセル・マルソーが来日し、テレビでマイムを披露したのを見て、「ちいーとも面白くない。パントマイムというのは、こういうものなのかねえ。あんた知らんだろうが、カジノの頃のエノケンのパントマイム、お客はゲラゲラ笑うは、仲間の私らみんな舞台の袖から見ていて笑いだしたもんね。そりゃあ面白かった……」(『エノケンと〈東京喜劇〉の黄金時代』)と言っていたという。

実際にエノケンは舞台でサーカスを演じたこともあった。一九三八(昭和一三)年六月有楽町の日劇で和田五郎作の『突貫サーカス』に出演、ほんもののサーカスのように綱渡りや曲技、さては曲馬まで見せるという趣向で大当たりをとった。

戦後も活躍していたが、息子の死、そして壊疽で片足を失うという悲劇が襲いかかる。ただ彼は最後まで喜劇人として命をまっとうした。

永田キングの身体性

エノケンが活躍していた時代に、永田キングというエノケンをしのぐとも言われたコメディアンがいた。「花王名人劇場」のプロデューサーとして最初のお笑いブームをつくり、日本の喜劇人についての著作もある澤田隆治は二〇二〇年に『永田キング』を発表し、現在はまったく知られていないこのコメディアンが、形態模写やアクロバティックな動きで、戦後もアメリカや南米でも活躍していたことを発掘した。永田もまたクラウンの先駆者と言えよう。澤田は浅草でエノケンが活躍していたときに突如登場した永田キングにいち早く反応した劇評を紹介している（雑誌『新喜劇』一九三六年）。

永田キング。澤田隆治『永田キング』鳥影社、2020

ボードビル的分野にも、一つの新しい芽が発した。浅草の花月劇場に拠る永田キングである。花月劇場開場以来毎公演毎に自作自演になる出し物を一本ずつかえているが、これが一作毎に面白さを加えてゆく。（中略）一口に言えばカジノに発しエノケンにまで発達したナンセンスレヴィウを一層進化させたものであるが、これまでと異なった感覚があり、多分の風刺を備えている。まだまだ未完成な、ムラの多いものだが、精神に於いて新時代の芽を感じる。（中略）丁度、このキングと比べてエノケンの映画『どんぐり頓兵衛』を上映しているが、まざまざと時代のへだたりを感じさせられたのには驚いた。かつては尖端であったエノケンのナンセンスがナンセンスでなくなり、一つの型、一つの常識に見えてきた。音楽の特殊な使用以外には新奇なものは全然感じられなかった。キングにはちがったものがあるのである。

永田キングは、吉本興業のスター芸人として、エノケンをしのぐ勢いで浅草を席巻していた。マルクス兄弟のガウチョに真似たメイクと、アクロバティックな演技が彼の最大の持ち味だった。永田が浅草に進出したときに、出演した映画『かっぽれ人生』(一九三六年一〇月封切り)には、浅草花月の舞台で永田がやっていた芸をそのまま撮影したシーンがあるが、そこで彼は中央にあるらせん階段の手すりを逆立ちして滑り落ちるという驚異的な技を披露している。

戦後は主に進駐軍のキャンプを息子たち三人と一座を組んで回っていた。台詞を使わない、野球の形態模写を中心としたコントで大人気を博す。彼の身体芸はアメリカのプロデューサーの目に留まり、一九五九年にはNBCテレビで全米に放映された「ジャパン・スペクタクル・ショー」という番組の出演者に選ばれている。他の出演者は雪村いづみ、ジェームス繁田、餅つきの杵五郎一座、お茶と日舞の花柳若菜、琴の富永ハル、共同演出として伊藤道郎が名を連ねている。

この番組に出演したことがきっかけとなり、彼の活動の場はアメリカと南米に移る。一九五九年二月一日の放送のあと、三月から四月にかけて「フロンティア」というホテルでショー、その後一九六一年三月まで二年間全米各地を巡業、さらにこのあとブラジル各地で巡業したあと、この年の秋に帰国している。晩年はキャバレー回りをしていたようだが、ほとんど表舞台に登場することはなく、一九七七年に六八歳で亡くなった。澤田は『永田キング』の最後をこう締めくくっている。

アメリカとブラジルで公演している間に、日本ではテレビ時代がおとずれ、この潮流に乗りそこねてしまった。

戦後の永田キングを思うと、早すぎた男の悲哀を感じる。

永田キングが逝って四十三年が経つ。しかし、彼が浅草花月劇場でみせたアクションや野球芸でみせた独特の体技というかアクション芸を受け継いだ芸人はまだ現れていない。

永田キングは戦前戦後の演芸界を駆け抜け、一時代を画した孤高の芸人だったと思うしかない。

ヨネヤマママコのクラウンマイム

パントマイムの神様フランスのマルセル・マルソーが初めて日本で公演したのは、一九五五年五月のことだった。日本初演には多くの文化人、演劇人が集まった。NHKで特別番組も組まれ、マルソーとパントマイム人気が日本でも高まることになる。この公演を見て衝撃を受けたのが、日本のパントマイムの草分け的存在となるヨネヤマママコである。

サンケイホールで行なわれたマルソーのリサイタルは、私にとって大きな衝撃だった。（中略）見終わった後、私は興奮のあまり、サンケイホールから市ヶ谷の下宿までどこをどう歩いたのか……気がついたら家に着いていたという具合だった。それほど強くマルソーは私の内部に共鳴していた。当時私は現代舞踏の創作を楽しんでいたが、そこにはなお抽象舞踏の持つ一種の難解さがあった。自分が生来持っている個性をどうその肉体表現の中に活かしていいのかわからなかった。モダンダンスという抽象舞踏は、私という小さな個体をはるかに乗り越えた深遠なものを表現するように見えた（今は必ずしもそうではない）。それにしては私はあまりにもアクの強い人間だった。なんとか自分の個性を活かすようにできないものかといつも心ひそかに思っていた。そんな時マルソーに出会ったのだ。

そこには動きによるユーモアがあり、ウィットがあり、諷刺があった。何よりも演ずる人間が個性的であることが重要だった。

（ヨネヤマママコ『砂漠にコスモスは咲かない』）

マルセル・マルソー　Bring on the CLOWNS, Beryl Hugili 1980 London

ヨネヤマは父親の影響でバレエをはじめ、東京教育大学体育学部入学後は、モダンダンスの江口隆哉に師事する。江口は、ドイツのマリー・ヴィグマンというイザドラ・ダンカンの実践した舞踏体験を方法論化した人の下で研究を積んで帰国したばかりで「プロメテの火」という群舞で話題になっていた。ここでヨネヤマは、人間の肉体の動きは無限大に自由で、その表現方法もまた無限大だということを学んだ。

ヨネヤマは一九歳の時、オリジナル創作

ダンス「雪の夜に猫を捨てる」を発表し、話題を呼ぶ。そして一九五八年にNHKテレビ「私はパック」という番組に抜擢され、大ブレイクする。「真夏の夜の夢」の妖精パックのイメージをとって、バラエティーショウの司会をマイムで踊り演じたのだが、パックのお面をつけて、体全体でコミカルでそれでいて童心あふれるマンガチックな動きが話題になった。さらに民放の番組で、クレージーキャッツのコントの合間に、ナンセンス舞踏を踊る役を演じ、弱冠二〇歳という若さで、言葉を使わず身体の動きだけで表現するパフォーマーとして、話題をさらうことになる。

その後、俳優岡田真澄との契約結婚で、マスコミの格好の餌食となり、ゴシップでも大きな話題を提供することになったが、翌年、離婚したこともあって、彼女は一九六〇年に渡米し、大学・劇団でマイムを教えながら基礎メソッドを研究し、独自のマイム術をつくりあげる。アメリカ滞在中に彼女は道化のテーマと向き合うことになった。

私の道化のテーマは、この国の中で、私が異国人として、また女として、また明日をも知らぬアーチストとして、その三重苦の中をおろおろと生きるその〝人間的な弱さ〟を出発点としていた。弱い、足りない、できない、まとまらない、迷う、間違う、つっころぶ、あらゆる人間生態の〝できない、できない、できない〟が、可笑しく悲しい道化の

原点だった。私はマイムのこの道化の原点を、毎日そうして暮らす自分の生活の中から発見していった。　（前掲書）

ヨネヤマはアメリカでマイムを指導するなか、人間の弱さを発見することで、独自の道化術を生徒たちとつくりあげていく。

　生徒の中の各々の個性が各々の人間的な弱さにスポットを当てることであり、それが各々の道化役を創造し、その創られた道化がまた黙々と演ずる。
　沈黙にも存在感の深いものと浅いものがあった。深い沈黙はまったく宝石のような瞬間だった。生徒がのってきて新しいギャグを発見してくれると、鉱夫が宝の山を掘り当てた時のように、嬉しかった。発見するということはなんと喜ばしいことか。道化ほど完全な人間役が他にあろうかとつくづく思う。　（前掲書）

ヨネヤマは一九七二年に帰国、「新宿駅・ラッシュアワーのタンゴ」などユニークな作品を発表し続ける一方、「ママコ・ザ・マイムスタジオ」を設立し、ここで数多くのバントマイマーを育てることになる。

一九七九年に代表作のひとつとなる「月に憑かれたピエロ」を発表、大きな話題を呼んだ。第二章でも触れたようにこの作品は一九世紀後半、ベルギーの詩人アルベール・ジローが、月と狂気をテーマに月に憑かれたピエロの奇怪な幻想をつづったもので、世紀末の頽廃的な色濃い詩に魅せられた現代音楽の作曲家シェーンベルクが、一九一二年に二一編の詩に旋律をつけたものだ。これを映像作家の石井宏枝とプロデューサーのしおみえりこが舞台化を企画、ヨネヤマに出演を依頼した。「いつもロマンチックな道化を演じたいと思っていた」ヨネヤマ自身もこの作品には早くから触発され、一九歳の時に作品化しようと思ったが、あまりにも難解だったため断念した経緯があった。

この公演は、ヨネヤマのパントマイム、ビデオ映像、歌を織りまぜるという斬新な構成で好評を博した。この作品は二五年後の二〇〇四年に再演されている。このときは演出加藤直、舞台衣装はワダエミが担当していた。再演にあたってヨネヤマは「二五年間、苦労をたくさんしたので、ピエロに、悲しみや哀れみ、切なさを託したい」と語っている。

道化をパントマイムとしてどう演じるかは、ヨネヤマにとって生涯を貫くテーマのひとつであったといえる。こんなヨネヤマのもとに、パントマイムを学びたいという、サーカスで働く青年が現れた。

突然ですが、私はキグレサーカスでピエロをやっている者です。二、三年前から自分なりに勉強して舞台をやってきましたが、ただ笑いを呼ぶだけのピエロに限界を感じています。綱渡りなどの空中芸も同時に見せてはいますが、ピエロに必要な、もっと本質的な何かをつかみたいのです。

学生時代に見た『天井桟敷の人々』のジャン・ルイ・バローが今も忘れられず、パントマイムにずっとあこがれを抱いてきました。（中略）テレビでママコさんのマイムを目のあたり見ることができ、居ても立ってもいられなくなりました。もちろん容易な道ではないと思いますが、私にマイムを教えてくださいませんでしょうか。ぜひお願いします。

（草鹿宏『翔べ イカロスの翼』）

この手紙を書いた（実際は出されず、これは日記に書き留められた下書き）若者は栗原徹、愛称ピエロのクリちゃん、キグレサーカスのクラウンだった。彼は、もしかしたら日本のサーカスで初めて自らクラウンになりたいと思った芸人といえるかもしれない。

ピエロのクリちゃん

さだまさしの「道化師のソネット」という歌がある。これは彼自身が主演した『翔べイカロスの翼』(一九八〇年制作、森川時久監督)という映画の主題歌である。さだまさしが扮したのがクリちゃんだった。

クリちゃんこと、栗原徹は大学在学中から夜間の写真専門学校に通っていたが、大学卒業後、かつて見たボリショイサーカスやチャップリンの名画『サーカス』の影響もあり、サーカスで働く人たちを撮影したいと、北海道で公演中のキグレサーカスを訪ねる。一九七二年八月のことである。

サーカスの人たちと一緒に暮らし、働きながら写真を撮影したいという彼の申し出は受け入れられ、とりあえずは後見(舞台の手伝い)として働くようになる。実際に働いていくうちに、サーカスの魅力にどんどん引き込まれ、彼は後見ではなく芸人として舞台に立ちたいと思うようになり、四ヵ月後に青竹渡りの芸を練習しはじめる。彼は熱心に練習を続け、一輪車、そして二輪車の曲乗りを次々にマスターしていった。そして入団八ヵ月後に初舞台を踏んでからは、ますますサーカスにのめり込んでいく。

次に彼が練習したのは、カンスーと呼ばれた地上六・六メートルの高さに張られた綱の上を渡る芸だった。初舞台からわずか三ヵ月後の札幌公演でカンスーの芸を披露するまでになった。カンスーを演じた日のことを日記にこう書いていたと、彼の両親から預かった日記をもとにして書かれた草鹿宏の『翔べ イカロスの翼』にある。

ついにやった、カンスーに成功したのだ。おれは胸が迫って、涙が出てきそうだった。あの気分はたとえようがない。苦労もすっとんで、両手を高く上げ、観客の声援にこたえた。恍惚の境地というのだろうか、芸に命を賭ける人間の喜びか。これでサーカスの一員になれた誇りを感じた。

このあとも彼はカンスーでの自転車渡りや椅子の芸など高度で、しかも危険な技を次々にマスターしていく。彼がクラウンに関心を持つようになるのは、入団して三年目の頃だった。

今おれはピエロについて考えている。突然ではない。学生の頃、ジャン・ルイ・バローの映画『天井桟敷の人々』に感動してから、あのパントマイムの素晴しさが忘れられなかった。最近また外国の雑誌でピエロの写真を見たが、思えば道化こそサーカスの原点ではないだろうか。丸い鼻、大きな口、白塗りの顔、だぶだぶの衣装とおどけた手ぶり身ぶり。芸ににじみ出る笑いとペーソス。（中略）今のキグレもピエロを使ってはいるが、ほんの端役に過ぎない。つまり子供たちを笑わせるためにしか使われていないのである。

それでいいのだろうか？　もう少し道化の研究をして、団長と話し合ってみたい。
そしておれがピエロをやるのだ。

（草鹿宏、前掲書）

日記にこう書いた栗原は、すぐに団長に掛け合う。前にも触れたように日本のサーカスでは、道化役は第一線に立てなくなった芸人が笑わせ役をするものだった。サーカスの用語で道化役が「からかい」と呼ばれているのは、「からかいをやれ」と言われたところからきている。日本のサーカスで、自分から道化をやりたいという芸人がいなかったのである。

ある意味よそからやって来た栗原だから言えたことかもしれない。海外のサーカスを視察して、道化こそサーカスの主人公だということを実感してきた水野団長にとっては願ってもない申し出だった。さっそく一九七四年九月の岐阜公演から栗原はクラウンを演じるようになる。そして彼はいつの頃からか「ピエロのクリちゃん」と呼ばれるようになる。

一九七六年一二月、キグレサーカスは東京・後楽園（現東京ドーム）で公演することになった。日本のサーカス団にとって冬のこの季節に後楽園球場内につくられる特設テントで公演することは、最大のアピールの場だった。テレビ中継も組まれ、冬休みとお正月を利用した東京の一大イベントになっており、毎回たくさんの観客が詰めかけた。
この東京公演を利用して、栗原はヨネヤマママコのもとで、パントマイムを学んだ。後楽園公演はお正月休みには連日三回ないしは四回公演が続く、芸人にとってはかなり過酷な日々だったのにも拘わらず、栗原はヨネヤマのスタジオに通って必死になってパントマイムを学ぶ。こうした彼の向上心は、芸に磨きをかけることになる。ずっと日本の道化師不在を嘆いていた尾崎宏次が、彼のクラウニングに注目する。

青年のサーカスという感じのするなかで、クラウンが二人いた。なかなかいいメーキャップだった。クラウンが育ち出すと、言葉のない空間芸能のシンができる。サーカスは変わりつつあると思った。かつてのペーソスは消えて、スポーツを吸収していた。スポーツと道化の掛け算になっていくのかもしれない。

（「読売新聞」一九七七年一月一九日）

ピエロのクリちゃんはサーカスを変える存在にまでなろうとしていた。キグレサーカスの水野団長も、彼がいうクラウンを中心としたサーカスをつくりたいということに真剣に耳を傾けるようになった。まさに彼の夢が実現されかかったときに思わぬ落とし穴が待っていた。

翌年も予定されていた後楽園での公演を間近に控えていた一九七七年一一月二三日の水戸公演で、カンスーの演技の最中に落下、そのまま救急車で運ばれたが、三日後の一一月二六日二八歳の若きクラウン栗原徹は息をひきとった。サーカスの世界に入ってわずか五年間、まるで死ぬのがはじめからわかっていたように、生き急いだとしかいいようがない。

彼が日本のクラウンの歴史に新たな一ページを書き加えたことは間違いない。日本のサーカスに、クラウンの存在の重さを知らしめることになった。そして彼のあとを追ってサーカスにクラウンになるために入団する若者たちが出てきたのだ。

ユキとカメ

一九七八年のキグレサーカス後楽園公演に、東京芸術大学美術学部の卒業を間近に控えた宇根元由紀が出演している。彼女は、たまたま出席していた演劇のゼミに「サーカスの物売りとパレード要員募集！」というアルバイトの話が持ち込まれたとき、真っ先に手を挙げ、ゼミの仲間を驚かせた。仕事の内容は、芸人たちと同じ衣装をつけ、最初と最後のパレードの時に舞台に立ち、他の時は風船やシール、プログラムを売るというものだった。

このバイトが彼女にとってはバイトでなくなり、魂までも奪われてしまうのは、栗原がたどった道と同じだ。人並みの運動神経しかもちあわせていなかった宇根元だったが、教え方が良かったのか、一輪車乗りをマスター、サーカスの人たちともすっかり打ちとけ、サーカスに魅了されることになる。後楽園での公演が終わって、大学を卒業したあと、両親の猛反対も押し切って、五ヵ月後にクラウンとして正式にキグレサーカスに入団する。

ここで彼女は四年間クラウンとして活躍したのち、怪我をしたこともあって退団、その後岩波書店のPR誌『図書』に「サーカス放浪記」というエッセイを連載することになる。四年間のサーカス生活を振り返りながら、サーカスで生きる人々やサーカステントでの暮らしぶりを軽快なタッチで活写、多くの人たちにとっては未知の世界だったサーカスの魅力を伝えることになった。この連載はのちに岩波新書として出版され、大きな話題を呼んだ。サーカスやキグレサーカスのことを身近に伝え、広めたといえよう。

亀田雪人

宇根元が入団して半年後にキグレサーカスにやって来た亀田雪人が、入団するきっかけはクリちゃんを演じたことにはじまる。

宮崎県都城出身の亀田は役者を目指して上京した

もののなまりがひどく、役者になることを断念して、言葉を使わなくてもいいパントマイムを学ぶ。イベントやライブハウスでパントマイムを演じていたが、ある時彼の公演を見ていた当時マイムシアターぴえろ館を結成したばかりのパントマイムの清水きよしの目に留まる。清水の紹介で、マジシャンの渚晴彦のショーにピエロの格好をしてアシスタントをつとめることになった。

熱海のハトヤホテルでショーをしていたとき、この年後楽園で公演することになった矢野サーカスのピエロ軍団のリーダーを探していた芸能プロダクションからスカウトされ、矢野サーカスで働くことになった。この時後楽園の矢野サーカスの演出をしていた関矢幸雄に誘われ、『僕のピエロ』という芝居にピエロ役で出演することになる。これは『翔べイカロスの翼』を劇化したものだった。

亀田は役作りと一輪車の修行にキグレサーカスに三ヵ月見習いに行くのだが、ここで水野団長に見込まれた。芝居が終わったら、キグレでクラウンをやらないかと誘われ、そのままキグレに入団することになった。その後キグレサーカスで四年間、宇根元やのちにキグレサーカスの社長となる小野と一緒にクラウン軍団の一員として活躍することになる。

栗原、宇根元、亀田らがキグレサーカスでクラウンとして活躍する一九七〇年代後半から八〇年代にかけて、日本の知の世界では、「道化」がブームとなり、旋風を巻き起こしていた。道化をめぐる著作が次々に出版され、雑誌でも道化特集が組まれるなど、道化、さらにはサーカスをテーマにした本が書店に次々に並べられた。

図書館で『サーカス――動物芸とアクロバット芸の記号論的アプローチ（ママ）』という本を借り、その本を返した次の晩TVで、「グンターサーカス」というアメリカの動物サーカスのドキュメント番組を見、その次の日にサーカスのバイトの話が入ったからである。どうかしてるぞ、これは……。不思議でたまらなかったが、「これは絶対、行かずばなるまい」、即座に決意した。本もTVも、面白かった。（『サーカス放浪記』）

宇根元にとってサーカスに入る後押しをしてくれたこのブーイサックの本も、この道化ブームにのって、翻訳されたものだった。

第七章　道化の時代

山口昌男が火をつけた道化ブーム

一九六九年一月、人類学者の気鋭山口昌男が「アルレキーノの周辺」を『文学』(岩波書店)に寄稿、この後計八回にわたって「道化の民俗学」が連載される。

ギリシャ神話のヘルメスからコメディア・デラルテのアルレッキーノ、アフリカ神話に登場するトリックスター、さらには狂言の太郎冠者などをモデルにして、茶番の付属物だった道化が、境界を侵犯し、常識を覆すことで、文化を活性化させる英雄であるとして、学問の世界に道化という新たな視点を提示し、知の世界にゆさぶりをかける。

山口昌男が提示した「道化論」が口火となり、雑誌が道化の特集を組みはじめる。『悲劇喜劇』が一九七三年五月に「特集・道化」、『ユリイカ』が同じ年の六月に「特集道化」を組んだ。特に『ユリイカ』の特集は、のちに『道化の文学』を刊行するフランス文学の高橋康也、『近代文学の虚実——ロマンス・悲劇・道化の死』を書く野島秀勝や、ヨーロッパの現代演劇を現地で見てきた演劇評論家田之倉稔など、このあとさまざまに道化論を展開していく論者が集まっただけでなく、山口昌男が道化論を展開するなかで引用していたウィルフォードやハスケル、メイエルホリドなどの道化論が翻訳紹介されたことで、欧米の道化論のいまを知ることになった意義は大きかった。

『文学』に連載された山口の「道化の民俗学」は、『辺境』一九七〇年九月号に掲載された「蘇るアメリカ・インディアンと道化の伝統――境界・禁制・侵犯」を加えて、一九七五年六月に新潮社から『道化の民俗学』として刊行される。同年八月には、『展望』（筑摩書房）に一九七三年五月号に掲載した「道化的世界」を中心に、山口が書いた道化論をまとめた『道化的世界』も刊行された。

『道化の民俗学』が過去の文化遺産から道化的エッセンスを取り出して解析していたのに対し、『道化的世界』は、ダダ、ベケット、エイゼンシュタイン、バスター・キートンなど二〇世紀芸術で道化精神を発揮した芸術家たちの知的挑発を縦横に論じたものだった。山口昌男のこの二著の刊行によって、一挙に日本の思想界、文化界に道化旋風が巻きおこる。

まずは山口が紹介した道化論やカーニバル論の研究書が立て続けに翻訳されていく。P・ラディン、K・ケレーニイ、C・F・ユング著『トリックスター』（晶文社、一九七四）、ミハイール・バフチーン著『フランソワ・ラブレーの作品と中世・ルネッサンスの民衆文化』（せりか書房、一九七四）、イーニッド・ウェルズフォード著『道化』（晶文社、一九七九）、ウィルフォード著『道化と笏杖』（晶文社、一九八三）、S・ビリントン著『道化の社会史』（平凡社、一九八六）、ジャクソン・I・コープ著『〈魔〉のドラマトゥルギー』

（ありな書房、一九八六）、コンスタン・ミック著『コメディア・デラルテ』（未來社、一九八七）、アラダイス・ニコル著『ハーレクィンの世界』（岩波書店、一九八九）などが翻訳され、日本語で読めることになった。

このほかにも山口が道化論の中で引用していたポール・ブーイサック著『サーカス――アクロバットと動物芸の記号論』（せりか書房、一九七七）なども訳され、宇根元がサーカスのクラウンになるきっかけを与えることになったのは、先にみたとおりである。

個人的なことになるが、私が山口の『道化的世界』と『道化の民俗学』を読んだのは、プロローグで紹介した林達夫と久野収の『思想のドラマトゥルギー』を読んだ頃だったので、出版後三年ほど経ってからのことだと思う。この先にもそれまでにもなかったほど大きな衝撃を受けた本だった。いままでまったく知らなかったアルレッキーノ、ヘルメス、コメディア・デラルテなどに俄然興味をもち、夢中になって山口が引用していた本を読み漁りはじめた。まだ翻訳されていなかった『道化』や『道化と笏杖』がどうしても読みたくて、勢いで原著を買い求めたくらいだ。結局は私の英語力では読めるはずもなく、積ん読状態だったのだが……。

『思想のドラマトゥルギー』、そして山口のこの二著を読んだのは大学卒業間際だったが、大学に入って初めて学ぶことの愉しさを教えてもらったような気がする。この三冊が道しるべとなって、いままで知らなかったことを知るためにいろんな本を読むことになった。こうしたことで、大学卒業後も興行師をしながら、学ぶことを続けられたのだと思っている。

山口はこのあとも、『朝日ジャーナル』で「道化の宇宙」を連載するなど、八〇年代終わりまで道化を武器にダイナミックな文化論を展開していくことになった。

学問の世界で道化がとりあげられたのと軌を一にして、道化をテーマとした映画が公開され、さらにはヨーロッパの一流の道化師たちが日本でも見られるようになるなど、日本における道化ブームはさらに増幅されていくことになる。

『フェリーニの道化師』

その先陣を切ったのが、フェデリコ・フェリーニの『フェリーニの道化師』の上映だった。一九七〇年に制作されたこの映画が岩波ホールで封切られたのは一九七六年一二月のことである。山口昌男の道化論が出て、道化ブームに火がついたときで、上映前から話題になった。

淀川長治が「実にすばらしかった。（中略）サーカスこそショオのオリジナル。クラウンこそ人生の詩人」と絶賛し、双葉十三郎が、数あるサーカス映画のなかでこの映画の登

『フェリーニの道化師』パンフレット表紙。岩波ホール、1976

場で「この傑作が、いわゆる、サーカス映画に遂にとどめを刺した、という感が深い」と評すなど、公開してからもさまざまな媒体にとりあげられた。

　映画は、かつての名道化師を訪ね歩き、関係者にインタビューしていくドキュメンタリータッチだが、自伝的映画『フェリーニのアマルコルド』にもつながる、少年時代に出会った奇妙な人々のスケッチやフラテリーニ三兄弟やショコラとフッティなどフランスやイタリアの伝説的なクラウンのレプリーズを映画的に再現したり、さらにはフェリーニ自らが演出した壮大な道化ページェントなどもまじえながら、フェリーニ流の夢幻スペクタクルとなっていた。

　この映画によって、いままでまったくクラウンのことを知らなかった日本人はヨーロッパの名クラウンの演技、生きざま、さらにはその歴史について、初めて触れることになった。この映画の中でフェリーニが伝えたかったことのひとつは、クラウンには、ホワイトクラウンと、オーギュストというふたつの型があり、その対立のなかにクラウンのドラマトゥルギーがあることだった。彼は『私は映画だ』と題されたエッセイ集でこのことについて語っている。

白い道化師は優雅、気品、調和、聡明、明晰を代表するが、これらの性質は理想的で、ユニークで、疑問の余地のない神性として道徳的に位置づけられている。だから、オーギュストにはこれらの否定的側面が持たされる。というのも、こんなふうに白い道化師は母、父、教師、芸術家、美しいものに、つまりつくりあげねばならないものになるからである。一方、オーギュストはこれらの完璧な特質すべてが、あまり口うるさくなく見せられるときにだけ心をひかれそうになるが、ふつうこれらに反抗する。オーギュストはズボンを汚す子ども、この完璧さに反逆して酔っ払い、床の上を転びまわり、はてしなく抵抗する子どもだ。

これは誇り高き理性信奉（唯美主義という傲慢な形式になる）と、本能の自由とのあいだの闘争である。白い道化師とオーギュストは教師と子ども、母親と幼い息子、そして輝く剣を持つ天使と罪人でさえある。つまり、彼らは人間の二つの心理的側面である——一つは上昇志向の、もう一つは下降志向の——二つに分かれた、分離した本能である。

（フェリーニ『私は映画だ』）

フェリーニは、オーギュストと白いクラウンという二つの対立項の衝突のなかに、人間本能の深層で演じられるドラマを見ようとした。分離した本能の絶えざる葛藤は、神話のなかで絶えず繰り返されたテーマであり、生を営むかぎり展開される永遠のドラマトゥルギーのひとつであるといえるのかもしれない。フェリーニにとってサーカスのクラウンは、映画と同じようにひとつの神話、人間の祖型の影（イメージ）なのであろう。

『フェリーニの道化師』のラストは、客のいないがらんとなったサーカス場に、それぞれ別の場所でトランペットを奏でていた白いクラウンとオーギュストが、それぞれの音色に惹かれながら出会い、そして一緒に楽屋へと消えていくというものだった。相反するものがひとつになるところに、永遠の対立を抱えながら生きていかなくてはならない人間の宿命を見事に映像化していた。

この映画の底流にあるもの、それは「道化師の死」の予感であった。この映画が撮影された一九七〇年代はサーカスの凋落がはじまった時代で、それを反映するかのように「道化師は死んでしまった」と、登場する道化師たちが繰り返す。この映画は、サーカスからまさに消え去ろうとしている道化師たちへの鎮魂歌であったともいえるかもしれない。ただラストシーンが象徴するように、フェリーニは決して道化師たちは死なないと信じていた。

尾崎宏次はこのラストシーンについて「あのトランペットの響きは、道化の蘇生を呼びもどすようにきこえた」と書いていたがその通りで、道化師が滅びないことを願う祈りのメロディーだった。

日本初のクラウンフェスティバル

山口昌男の『道化の民俗学』は一九六八年、バリでミラノ・ピッコロ座のコメディア・デラルテの名作「二人の主人を一度にもつと」を見た感想から始まり、これを導入として、この芝居で大活躍するアルレッキーノの民俗学について考察していくことになる。

山口が先陣を切った道化ブームの最中の一九七九年三月、この劇団が日本にやってくる。本物のコメディア・デラルテが見られるというので、私が新宿文化センターで観覧したときも、名だたる俳優や文化人と言われる人たちがたくさん客席にいたのにびっくりしたものである。これだけワクワクしながら見た芝居は初めてだった。なによりアルレッキーノを演じたフェルッチョ・ソレーリの演技が圧巻だった。天国と地獄を所狭しとばかり走りまわるだけでなく、飛び回るそのかろやかな身体の動きに観客は魅了された。

晩年の小山内薫に、「自分はもう出来ないから、お前やれ」とコメディア・デラルテ研究を命じられた蘆原英了（あしはらえいりょう）は、この劇団の来日を、「何といっても大きな、そして喜ばしいショックであった。（中略）これだけのすぐれたものを、一人でも多くの人に見てもらいたい」と興奮した劇評を新聞に書いていた。本物のコメディア・デラルテ、そしてアルレッキーノを見たことによって、道化に対する関心は知識人だけでなく、一般にまで広がっていく。

さらにはクラウンを集めての大きな祭典が日本で開かれることになる。

一九八七年八月、銀座に新しくオープンした銀座セゾン劇場で「アナーキーな笑いと哀しみ。演劇の原点に触れる道化師たちのパフォーマンス」という触れ込みで、『道化の世界』と題された公演が行われた。主催は当時文化産業のトップを走り、さまざまな先鋭的な文化イベントを展開していたセゾングループである。文化のひとつのファッションとして道化がとりあげられたということになる。ヨーロッパ四ヵ国から六組のクラウンが一堂に会した、日本での初めての大規模なクラウンフェスティバルとなった。

出演者はピッコロ座のソレーリをはじめ、スイスのクラウンディミトリー、『フェリーニの道化師』にも出演していたイタリアのコロンバイオーニ、スイスのイリとオリ、イギリスのジョン・メルヴィル、そしてスペインのしゃぼん玉アーティスト、ペップブーであった。サーカスのクラウンというよりは、舞台で活躍するクラウンを中心に、「道化の世界」と名づけたように、クラウンたちのフェスティバルというよりは、道化をいろいろな角度からみせようという意図をもっての構成だったといえよう。

　私はすべての公演を見たが、それぞれひとつひとつの演し物は楽しめたのだが、少しもの足りないように感じたのは否めない。山口昌男の道化論を踏襲したわけではないだろうが、アカデミックに傾きすぎてしまい、エンターテインメント性に少し欠けていたような気がした。

『ふたりの主人を一度にもつと』で見事な身体の動きを見せ、おおいに笑わせてくれたソレーリは、ここではアルレッキーノ役の変遷や彼の小

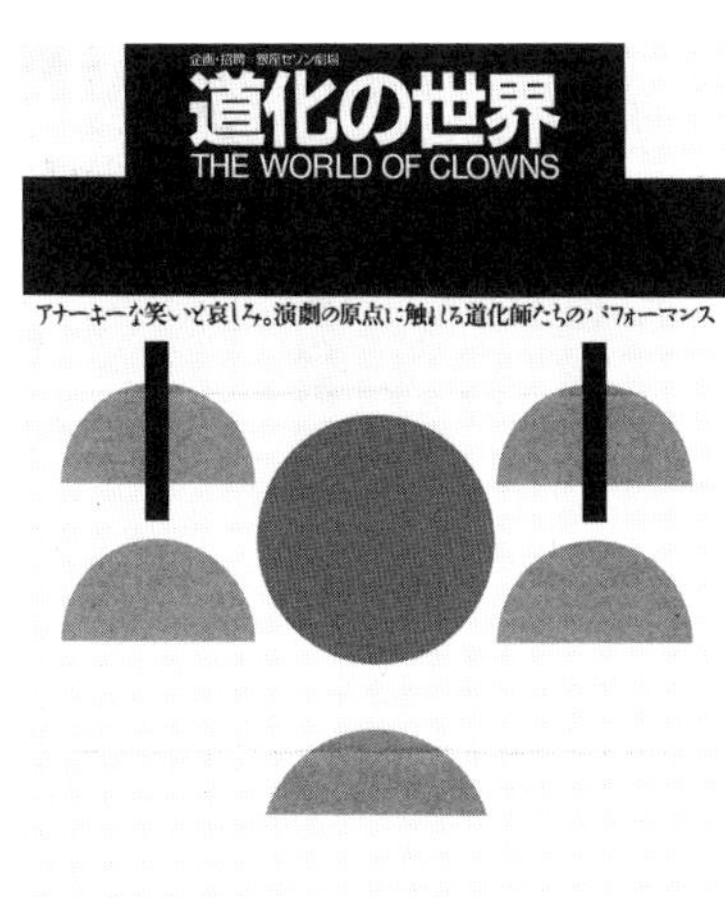

『道化の世界』チラシ。セゾン劇場、1987

道具のひとつである棒について解説することが多く、アルレッキーノとしての動きはあまり見られなかったし、ディミトリーも、彼の十八番の『ポーター』の前半部分だけを見せるだけで、さまざまな楽器を多彩に曲芸的に演じる後半を見ることはできなかった。

サーカスの危機の時代に

どちらかというとアカデミックな路線にそったかたちで企画された『道化の世界』に対して、日曜日九時というゴールデンタイムに放映されていた人気番組『花王名人劇場』の中で、娯楽に徹したヨーロッパのクラウンを集めたフェスティバルが紹介された。『道化の世界』があったのと同じ一九八七年の一一月に「世界のクラウンフェスティバル」が放映されている。

「サーカスの人気者、それはクラウン（日本ではピエロといわれています）！　今夜は、世界でも指折りの道化師たちがパリに集合して、珍芸コンテスト、誰が世界ナンバーワンの栄冠に輝くか!?」と謳っていたように、こちらはサーカスで活躍するクラウンたちを集めたフェスティバルで、それもパリの郊外にテントを建て、司会に楠田枝里子、審査員として桂三枝（現桂文枝）、大屋政子、山本益博を迎えての豪華なものとなった。これを企画したのは、『花王名人劇場』をたちあげたプロデューサー澤田隆治である。澤田はこの企

「世界のクラウンフェスティバル」のパンフレット。花王名人劇場、1987

画の意図をこのように語っている。

「花王名人劇場」のプロデューサーとして、八年にわたって日本の大衆芸能を中心にテレビの番組をつくってきた私は、積極的にヨーロッパやアメリカから、すぐれたエンタテイナーを日本へ招いてきました。その一方で、私の中に日本で見られないすばらしいエンタテイナーの芸を、もっと紹介して日本中の人に楽しんでいただけたらという思いがつのってきたのも当然かもしれません。私は一年がかりで幾度かパリへやってきて、多くの人々の協力をえて、日本のすぐれたエンタテイナーと、ヨーロッパの第一線で活躍しているすぐれたエンタテイナーが一つの舞台で、すばらしい芸をみせてくれる、そんな夢のような企画が実現することになりました。

二〇二〇年二月、サーカス学会主催のサーカスセミナーで、「澤田隆治サーカスを語る」という講演会があり、ここでこの番組を特別にみせてもらったのだが、いまから三〇年以上前のクラウンたちの演技に集まった観衆は大笑いし、その演技力と技術の高さに驚いていた。

この時出演していたのは、グランプリをとったイタリアのガレッティ、ピオノック&マリオ、ブッキー・ランディー、カルディナーリら、ヨーロッパを代表するクラウンばかりであった。フェリーニが描いたホワイトクラウンとオーギュストとの絶妙なやりとりや、楽器演奏を巧みにこなす本格的なミュージカルクラウン、さらには綱渡りの妙技など、いまではみることのできないような本場の道化術(クラウニング)を一挙に見ることができた。

プロデュースした澤田の話によると、集まったクラウンたちは家族でのつながりがあったり、かつての仲間であったりということで楽屋は大賑わい、涙ながらに再会を喜んでいたクラウンたちが何人もいたという。いま振り返るとこれだけのクラウンが一堂に会するということは、奇跡に近いことであった。

この番組が撮影された頃のヨーロッパのサーカスは、娯楽の多様化が一層進み、サーカスの凋落の勢いは増すばかりで、こうしたクラウンたちが中心となっていた小編成の家族サーカスは次々に解散に追い込まれていた。

この番組で審査委員長をつとめていたザバタは、サーカス一家に生まれ、六歳の時にデビューしてから、空中ブランコ、曲馬師、猛獣使いなどなんでもこなし、さらにはクラウンとして人気を集め、一九五〇年代にはヨーロッパ随一のクラウンとして名声を得ていた、超一流のクラウンだった。

これだけのクラウンが集まったフェスティバルの審査委員長を務めるのにふさわしいクラウンだった彼が、この放送があった七年後に自分のサーカス団を失い、視力も失いカービン銃で自殺している。七八歳の彼の自殺をフランスの新聞は「サーカスの死」を物語っていると報じた。伝統的な家族サーカスがほとんどなくなるという事態にフランス文化省が危機感をもち、国立のサーカス学校を開設、この学校を卒業していった若いアーティストが、家族サーカスとは一線を画した新しいサーカスをつくっていくことになる。

そうしたサーカスの危機、伝統的クラウンが消え去ろうとしていた時代に、こうしたフェスティバルを企画プロデュースして、それをお茶の間に届けた意義ははかりしれない。

第八章　クラウンがやって来た！

リングリングサーカス

道化ブームが続く一九八八年八月、アメリカから地上最大のショーとして名高い「リングリングサーカス」が日本にやって来た。

いまは電通や日本テレビの本社の高層ビルが建つ、かつての旧国鉄汐留（しおどめ）駅の跡地に、全長一二〇メートル、高さ二〇メートル、総床面積七二〇〇平方メートル、七千名収容の巨大なテントが建った。ここで日本でも評判になった映画『グレイテスト・ショーマン』のモデルP・T・バーナムが創始者となった「リングリング・ブラザーズ・アンド・バーナム＆ベイリーサーカス」（日本公演ではリングリングサーカス）が、初めての海外公演をしたのである。

一八七〇年に創設されたこのサーカス団は、アメリカ大陸を専用列車で駆けめぐり、大テントの中に三つのステージを横に並べ、各ステージそれぞれ別のショーを同時に演じるという見せ方で、アメリカを代表するエンターテイメント産業をつくりだした。

このサーカス団を舞台につくられた映画『地上最大のショウ』（一九五二年）が大ヒット、さらにアカデミー賞作品賞をとったことで、世界的に知られるようになった。あまりにも規模が大きいため、それまでは海外公演はしなかったが、この年初めて海を渡り日本にやって来た。

バブル景気に乗って、各地で博覧会が開催され、さらにテーマパークが次々にオープンするなど、本格的なイベント時代を迎えようとした日本で、ビジネスを拡大したいというリングリングサーカス側の思惑もあったのだろう、本物の凄さを見せつけようということで、アメリカでやっているのと同じショーをそのままもってくる引っ越し公演となった。

リングリングサーカス日本公演パンフレット表紙

一六頭のゾウのパレード、一四頭のライオンによる猛獣ショー、空中ブランコ、綱渡りと迫力あるショーが三つのステージで同時に繰り広げられる、いままで日本人が見たことのないエンターテインメントをもって来た。

さらに日本公演の目玉に、アメリカ中を話題に包んだ、伝説の動物ユニコーンを登場させた。生きたユニコーン（山羊の頭に角をつけたもの）をみると幸せになるというキャッチフレーズで、話題演出をはかり、初来日ということもあって、さまざまなマスコミがこぞってとりあげることになった。巨大なテントの中、三つのステージで同時にショーが展開される中で、ひときわ目を引いたのは、クラウンたちだった。

ショーが始まると後ろから煙を吐く奇妙な車や、とてつもなく高い竹馬に乗ってだぶだぶのパンツと大きな鼻、耳まで届くのではないかというくらい口を大きく広げた笑顔をしたクラウンたちが登場する。赤毛や黄色い髪のかつらに、派手な衣装に、どぎついメーキャップをした総勢二二名のクラウンたちが場内や客席を走り回るオープニングに、いままでこれほどたくさんのクラウンがまとめて登場する舞台を見たことがなかった日本の観客は度肝を抜かれた。

ヨーロッパのクラウンがサーカスで演目と演目の間をつないでいくのに対して、リングリングサーカスのクラウンたちは、間をつなぐことはなく、集団でエキセントリックなオブジェとなり、場内を走り回っていた。広大な三つもあるステージで、一人ひとりどんなことやっているかはわからない、個性ではなく集団で観客を惹きつけることがクラウンの使命だった。

そしてもうひとつ日本人にとって新鮮だったのは、ショーの前にクラウンが客席をまわ

リングリングサーカスのクラウンたち。日本公演のパンフレットより

って、観客と握手をしたり、ゲームをしたりすることだった。のちにクラウンカレッジ・ジャパンに入学する芸人ダメじゃん小出は、このクラウンたちにすっかり魅せられることになる。

リングリングサーカスですよ。（中略）当時付き合っていた彼女のお父さんの会社が招聘したっていうんで、招待券もらったんです。（中略）ショーの前にクラウンがいっぱい出てきて、「ハロー」とか言って、お客さんと握手したり、小ネタをやって客席を回る、通称ミート＆グリートというのを見て、楽しい気持ちと嬉しさが入り交じり、涙がポロリ。

それまではクラウンなんてまったく知らないですよ、車かななんて思っていたくらいですから。人を楽しませる仕事があるんだ、いいなあと思っていた。

（「クラウンを夢みた人たち」）

小出はいままで二年半勤めていた会社をやめて、翌年開設されたクラウンカレッジ・ジャパンに入学、クラウンになる道を選ぶ。

クラウンカレッジ・ジャパン――道化師養成専門学校の誕生

リングリングサーカス日本公演があった翌年一九八九年九月、クラウンカレッジ・ジャパンが、「リングリング・ブラザーズ・アンド・バーナム&ベイリーサーカス」付属クラウン養成学校日本校を開校した。

アメリカの本校は、一九六八年にリングリング・ブラザーズ・アンド・バーナム・アンド・ベイリー社が設立したサーカスのクラウン養成学校で、リングリングサーカスに出演するクラウンを養成する目的で設立された。そのためここで教えられるクラウニング（道化術）は、あくまでもリングリングサーカスのニーズに沿ったものとなっており、これまで設立以来千人以上のクラウンを養成していた。クラウンカレッジ・ジャパンも、この本校のシステムをそっくり採用することになった。

日本でこの分校をつくり、運営していたのは、自然食品会社ナチュラルグループと三菱商事株式会社、TSP太陽株式会社の合弁による株式会杜クラウンカレッジ・ジャパンである。この会社の目的は、アメリカの本校がリングリングサーカスのためのクラウンを育成することだったのに対して、イベント時代にそなえて、ここで育成したクラウンたちをさまざまなイベントに送り出す窓口となり、企業や団体と出演契約を結ぶことだった。日本列島はイベントで浮かれていたのだ。

クラウンカレッジ・ジャパンの案内

『花王名人劇場』のプロデューサー澤田隆治が、日本最大の企業である新日本製鉄の部長に就任したことが当時話題になった。釜石、君津、川崎、堺、八幡など製鉄所があるところで、工場を閉めて、ここをすべてテーマパークにしようという計画を実現するために、全国各地の博覧会でプロデューサーとしても活躍していた澤田をスカウトしたのだ。

結局はこの構想は、バブル崩壊と共に消えていくことになるが、唯一実現したのが北九州にあった八幡製鉄所跡地につくられたスペースワールドだった（二〇一八年閉鎖）。新日鉄が本格的にテーマパークをつくろうとしていたほど、この時代日本はイベント産業になびいていたのである。

これをビジネスチャンスとして、アメリカ仕込みのクラウンを育成して派遣しようというのが、クラウンカレッジ・ジャパンの狙いだった。リングリングサーカスが話題になったこともあり、応募者が殺到、二〇〇人を超す応募者の中から二三名が選ばれた。授業料五ヵ月間約六〇万円という決して安くないお金を払って学んだ生徒たちの経歴はさまざま、サラリーマンや劇団員のほかにもお寺の坊さん、宝塚出身者などもいて、マスコミを賑わせることになる。

クラウンカレッジ・ジャパンができてまもなく、私は演劇雑誌『悲劇喜劇』から依頼を受け、授業を見学し、『道化師の変容――「クラウン・カレッジ・ジャパン」を訪れて』と題したレポートを書いた。『悲劇喜劇』の編集長は、日本でのクラウン不在を嘆いていた尾崎宏次さんだった。尾崎さんがこの学校に興味をもたないわけがない。この学校の授業について私はこのように書いている。

カリキュラムはアメリカ本校と全く同じ、そして四人の専門インストラクターもアメリカ本校の派遣ということで、無駄なくマニュアル化されている。週五日、月曜から金曜まで行われる授業は、九時半から始まり、五時に終わる。ムーブメント、メイクアップ、マジック、マイム、スキル、クラウニングといった科目があり、それぞれ専門のインストラクターによって指導を受ける。毎週金曜日には特別にスチューデント・ショーという、生徒たちが自分でつくったパフォーマンス・ショーが行われるという。

ミーティングとウォームアップが終わると、メイクアップ。四十五分間かけて入念なメイクが行われる。技術的なメイク指導はインストラクターによって行われるが、どういうメイクがいいのかについては各自自分で考えるという。その見本となるのは、クラウン・カレッジが輩出した千人近くのクラウンたちのメイクである。メイク室には、さまざまなクラウンたちの顔写真が貼りだされ、これを参考に各自試行錯誤して自分のキャラクターに合ったメイクを考案することになる。生徒たちのメイク姿はなかなかさまになっている。（中略）

十八歳から三十四歳までの男女二十八人がここで笑いのテクニックを学んでいるわけだが、授業を見て気づいたのは、とにかく生徒のひとりひとりが明るく活気があることである。そして熱心であることだ。メイクで素顔がみられなかったが、真剣勝負していているという雰囲気は十分に伝わってくる。即興でギャグをつくる時に、パートナーと一緒にどういうギャグにするのか話し合っているのを見ていると、ピリピリした緊張感さえ感じられる。しかし何れにせよ四カ月というのは、あまりにも短い期間であるし、ここで学べることはクラウニングの基礎を学ぶための基礎で精一杯だと思う。メイクをし、クラウン・コスチュームに身を包み、集団で演技をする分には、ここでの学習が十分に通じるかもしれない。しかし一人であるいはコンビで客と面した時に、笑いをとるためにはさらに多くの経験をし、技術を磨かなければならないだろう。

(『悲劇喜劇』一九九〇年二月号)

日本最初の道化師養成学校ということで、クラウンカレッジ・ジャパンは脚光を浴び、マスコミを賑わせることになる。クラウンという言葉も、明るいアメリカ的なイメージで、とりあげられることになった。第一期生の卒業生たちの多くが、大阪で開催されていた花と緑の博覧会に雇用されるほか、各種イベントにひっぱりだこになり、二期生募集にも五倍もの応募があり、ここから二三名が選ばれ学ぶことになった。

順風満帆にビジネスは進むかと思ったが、一九九〇年一月株価の暴落、湾岸危機と原油価格の高騰、公定歩合の急激な引き上げによって、バブル崩壊がはじまると、真っ先にイベントは縮小か、中止ということになり、クラウンカレッジ・ジャパンはどんどん事業を縮小、三期生までは募集したものの、卒業生との契約を次々に解除、九三年六月にアメリカの本校との契約が完了したのにあわせて、クラウンカレッジ・ジャパンは解散する。設立からわずか四年の運命だった。

サーカスレストラン

クラウンカレッジ・ジャパンは、リングリングサーカス来日公演の遺産といっていいが、もうひとつ残した置き土産があった。一九八八年一一月、千葉県市川市にオープンしたサーカスレストランである。市川市にオープンしたカーニバルプラザ「サーカスレストラン」は客席数九〇〇、一階シーフード、二階バーベキュー、その他にラウンジとバーをそなえた巨大レストランだった。ミスタードーナッツなどのフランチャイズビジネスで成功したダスキンが、新事業としてレストラン事業に着目、アメリカで人気となっていた食に遊びの要素を加える趣向をとりいれ、大阪に店内に大きなメリーゴーランドを設置した「カーニバ

サーカスレストラン。筆者撮影、1990

ルプラザ」一号店を開店、大成功をおさめる。

これで勢いを得て、二号店はさらにエンターテイメント性を強め、クラウンたちがテーブルをまわり、ショーも見られるサーカスレストランをつくることになった。

企画段階からクラウンカレッジ・ジャパンとクラウン派遣について協議を進めていたが、結局条件があわず、ダスキンは、独自に海外からアーティストを招聘することになった。

この時リングリングサーカス日本公演で来日したクラウン軍団のひとりが、直接売り込みにきたことがきっかけとなって、アメリカのクラウンカレッジ出身のクラウンたちを招聘すると共に、アメリカとは別なルートでヨーロッパからサーカスアーティストやクラウンを招聘することになった。

ダスキンの本社を訪れたクラウンは、クラウンメイクをし、クラウンの衣装を着て、売り込んだという。彼と彼の弟子二名は大阪のカーニバルプラザでしばらく働き、その後市川のサーカスレストランで働くことになった。

ダスキンは当初、クラウンの招聘業務やマネージメントをクラウンカレッジ・ジャパンに委託するつもりだったが、交渉が決裂したため、この業務を担当する業者を探していた。ダスキンの担当が相談したのは、サーカス文化の会というサーカスファンの集まりを組織し、アフタークラウディカンパニー（以下ACC）というPR誌をつくる会社を経営していた西田敬一だった。

サーカスレストラン広告。ディミトリー日本公演パンフレット、1990

西田は、サーカス文化の会で知り合った私に、この仕事をやってみないかと誘ってきた。当時、ソ連・東欧のサーカスを招聘していた興行会社に勤めていた私は、セゾン劇場で『道化の世界』を見てから、海外のクラウンを呼びたいという夢を抱くことになり、この誘いに応じ、西田が経営していたACCに入社、ダスキンがクラウンやアーティスト招聘をやめる一九九五年までの七年間、サーカスレストランのサーカスプロデューサーとして、七〇人以上のクラウンやアーティストを招聘することになった。

レストランはオープニングに合わせて二ヵ月間特別公演した中国雑技団が、池のあるラウンジの真上で空中ブランコを演じたことで、話題沸騰、オープン当初は取材が殺到した。週末には店に入るまで二時間待ちということもよくあったが、バブル崩壊のあとは、徐々に客足は遠のき、海外から呼んでいたアーティストの数も年々減らされ、最後には日本人のクラウンたちがショーやグリーティングをして、ACCとの契約を打ち切ることになった。

日本列島総イベント時代を見込んで、パフォーマーを促成栽培して、派遣しようという目論見も、食とエンターテイメントを一体化させるという新しいフードビジネスも、バブル時代だからこそ生まれた発想だったが、バブル崩壊によって、すべて撤退することになった。アメリカのクラウンビジネスはあっという間に消滅した。

残されたのはクラウンカレッジ・ジャパンでクラウン術を学んだ日本のクラウンたちだった。このクラウンたちに大きな影響を与えることになるのが、ソ連からやって来たクラウン集団だった。

第九章　ソ連から来たクラウンの衝撃

ミミクリーチ日本公演

一九九〇年一一月一五日、東京・原宿のラフォーレミュージアムで行われた「ミミクリーチのクラウンパフォーマンス」初演のあと、ロビーは興奮さめやらぬ若者たちであふれかえっていた。

公演中にばらまかれた紙屑を大事そうに握った者、出演者が出てくるのを待つ者、友達同士で熱く感想を語り合う者など、熱気が漂っていた。一台しかない公衆電話の前には長い行列ができていた。見た興奮を友人や家族に伝えようとする者たちだった。

新しい文化を若者たちに発信しようとさまざまなイベントを展開していたラフォーレミュージアムでやるのだから、よくわからないがなにか面白いものかもしれないとやって来た若者たちは、一刻も早く知人たちにいま見たすごいパフォーマンスのことを伝えたかったのだろう。

公演後、新聞も写真入りで大きくとりあげた。

「登場しただけで笑いを誘う。動き始めると、もっとおかしい。若者の町、原宿の真ん中にある劇場が、爆笑の渦巻くサーカス小屋になった」(「読売新聞」)

「ソ連からの来日公演といえばオペラにバレエ、チェーホフの劇と、とかくお上品な芸術を連想しがちだが、彼らが運んできたのは庶民感覚ただようボードビル（寄席芸）の味わい。素朴ながらあったかい」（「日本経済新聞」）

ペレストロイカの寵児

ミミクリーチは、ソ連邦ウクライナ共和国（現ウクライナ）の首都キエフにあった国立キエフサーカス演芸学校の卒業生と在学生六名によって、一九八一年に結成されたクラウングループである。「ミミクリーチ」とは、ロシア語でマイムを意味する「ミミ」と、叫ぶを意味する「クリーチ」からなる造語で、「叫ぶマイム集団」となるが、彼らのエネルギッシュなステージそのものを体現している。

ミミクリーチ日本公演チラシ。ラフォーレ原宿、1990

グループを結成し、作品をつくり、演出したのは、キエフサーカス学校のクラウン科とマイム科の教師をしていたウラジーミル・クリューコフである。カザフ共和国セミパラチンスク出身でカザフのサーカス学校でアクロバットを学んだあと、道化芸に関心をもち、モスクワでマイムや演出法を本格的に習得し、キエフのサーカス学校の教師に招聘される。マイム科で教えた二人の男女ペアに作品をつくったあと、クラウンを目指していた一〇代の若者四名を選び、次々に寸劇をつくっていく。クリューコフはふたりのマイムデュオとこの四人からなるグループを結成し、一九八八年に開催された全ソ・エトスラーダ（バラエティショー）コンクールに参加、優勝し、一躍注目を浴びる。

ゴルバチョフが推進したペレストロイカが彼らの背中を押し、海外公演のチャンスを得る。以前であれば海外公演はすべて文化省が窓口になっていたが、ペレストロイカにより、個人エージェントがいくつも生まれ、売れそうなアーティストを次々に海外に売り出していった。海外の興行師たちもいままで知られていなかったソ連のポップカルチャーにとびついてきた。ミミクリーチはまさにペレストロイカの寵児として、ドイツを中心にあっという間に売れっ子タレントとなっていった。その伸び盛りの時の来日公演であった。ヨーロッパと同じように、日本でも、ミミクリーチはそれまで知られることのなかったソ連の若者文化を象徴する存在として注目されたのだ。

ミミクリーチのクラウニング

ミミクリーチのクラウニングの特徴は、四人の性格を、臆病者、のんびり屋、怒りん坊、狡賢い男とはっきりと分けて、その対立を寸劇のドラマトゥルギーとしていることである。

ミミクリーチ

キャラクターの対立という古典的な道化文法を踏まえながら、足ひれをつけたステップダンス、コミカルな動きによるブレイクダンスや大小四つのタイヤを楽器に見立ててのコントなど、奇抜なアイディアの身体芸を前面にだしている。加えて客席に大量の紙屑を投げ込み、場内を紙屑だらけにし、さらにはこれを片づける掃除機に扮したクラウンが紙屑だけでなく、観客席に入り込み、カバンなどの客の持ち物を次々に奪い取るなど、暴力的ともいえる観客乱入なども大きな特徴で、それまでの欧米クラウンスタイルとは異質のクラウンパフォーマンスをつくりあげた。

そしてサーカスではクラウンが間をつないでいくのだが、ミミクリーチの公演では、こうした寸劇をつないでいくのは、妖艶な男女ペアによる正統派パントマイムであった。

ミミクリーチの公演を見た評論家平岡正明は、こんなコメントを寄せている。

ミミクリーチが次々にくりだす「足ひれダンス」「マネキンと泥棒」「掃除夫とちらかし屋」「恋人たちのシーツ争い」(これはエロチック)「ドタ靴戦争に行く」「ルンペンと傷病兵の昼下がり公園ベンチ芸」「腕自慢タイヤ芸」……等は、タイトルは筆者が勝手につけたものだが、無言の寸劇の連続だ。それぞれの演目は4コママンガの起承転結の方法で作られている。どのコマも洒落ている。これがフランス的なところで、小咄の筋がよくわかるところが、メロディにすぐれたロシア的なセンスか。

(平岡正明「ロシア的フランス的洒落っ気?」)

これは一九九一年、二度目の来日公演をしたときに、ラフォーレ原宿が発行したPR誌のなかでのコメントだが、この二回目の来日公演では、単独公演以外に、狂言の茂山あきらとの競演、さらには日米ソ三ヵ国によるクラウンの競演「国際クラウンフェスティバル」にも参加することになった。

国際クラウンフェスティバル

国際クラウンフェスティバルは、クラウンカレッジ・ジャパンが協賛になったことで実現した企画で、クラウンカレッジ・ジャパンの卒業生と在校生たちの日本チームと、彼らを指導していたアメリカのクラウンチームとミミクリーチによる合同公演となった。この公演でいままでアメリカのクラウンとクラウニングしか知らなかった日本のクラウンたちは、ペレストロイカの国からやってきたミミクリーチに衝撃を受ける。

一期生の橋本早苗（ななな）は、前年の初来日公演を見て、ショックを受けていた。「しゃべらない、ドリフターズみたいな感じで、めちゃくちゃ面白かったし、なによりクラウンがサーカスだけでなく、ステージでも自分の表現として演じることができるんだと知って、興奮した」と振り返っている。

日本人クラウンへの衝撃の大きさは、クラウンカレッジ解散後、自分たちだけで仕事を探さなくてはならない時にアメリカ式のメーキャップやコスチュームを脱ぎ去り、ミミクリーチのクラウンが着ていた黒の燕尾服や、いままで履いていたようなリングリングサーカスのクラウンの先の丸いシューズではなく、ミミクリーチが履いていた先が尖ったクラウンシューズを履いてステージに現れたことからもわかる。アメリカ式ではなく、ソ連式、いやミミクリーチ式のクラウニングに圧倒的に影響されたのだ。

一期生の糸山真隆（ポン太）も、ミミクリーチの洗礼を受け、この出会いが引き金となって、モスクワのサーカス学校へ留学することになる。

ミミクリーチというソ連のクラウンが来日していた。パントマイムの世界で、フランスのマルセル・マルソーがブームだった当時、ミミクリーチは、ゴルバチョフによるペレストロイカを背景に登場したクラウンだ。

ミミクリーチは、一言も言葉を発することのないパントマイムのパフォーマンスを披露。ぼくは、魅了された。

「あのクラウンはすごい！　ソ連へ行ってみたい！」

増上寺で僧侶の資格を取得したぼくは、クラウンカレッジを経て、〝ぽん太〟という芸名で、自由気ままな自分探しの旅を続けていた。千葉県市川市にあった「サーカスレストラン」で働いたり、覚えたての大道芸をやったりの生活だった。

そんなとき、ミミクリーチのポップでカッコいいステージに出会った。

（中略）

ぼくが最初にミミクリーチを見たのは、まだソ連時代だったので、早速、ソ連のパフォーマーたちの情報を入手。モスクワ国立サーカス学校への留学の思いが募った。四年制の大学だったが、留学生ならば好きな科目をチョイスして、授業を受けられるという。

「行きたい！」

（中略）

一九九七年二月、ついに日本を脱出。

綱渡りの取材で一週間滞在した人がいたそうだが、ぼくは、日本人初の長期（半年）のサーカス学校留学生というお墨付きで、モスクワに飛んだ。

（松鶴家ぽん『ぽんさん坊さんわが道を行く！』）

エンギバロフの伝説

糸山が、モスクワ行きの想いを強くしたのは、公演パンフレットに、ミミクリーチがソ連でデビューするきっかけとなった全ソ・エトスラーダコンクールで優勝したあと、クリューコフに連れられて、エンギバロフの墓に報告にいったという話がでていたのを読み、エンギバロフというクラウンに興味をもったこともあった。

糸山は国立モスクワサーカス学校でレフ・ウサチョーフというクラウンの先生と出会い、徹底的にクラウニングを学ぶことになるだが、ここでエンギバロフが演技しているビデオを見せてもらうことになる。


レフ先生が持ってきたビデオには、たくさんのクラウンが映っていた。ロシア伝説のクラウンたちだ。そのなかに、一人だけサーカスのリングを所狭しと走り回るクラウンがいた。ノーメイクのエンギバロフその人だ。

「ポンタさん、ポンタさん！ あなたのそのメイクはやめなさい。彼のようにメイクをとって顔の表情、動きだけで人に感動を与えなさい。もし、ここに一〇〇人のメイクしているクラウンがいたら、あなたは埋もれてしまう。しかしそのなかで、唯一メイクをしていなければ、あなたは目立ち、輝いて見えるでしょう。あなたは、日本のエンギバロフになりなさい」

ぼくはその演技に魅了され、食い入るようにビデオを見続けた。

レオニード・エンギバロフは、映画『虹を渡る男』で世界にその名を轟かせた伝説のクラウンだ。『街の軽業師』では、逆立ちのなかでも最も難しい側倒立の姿勢で、街から街をさまよう売れない軽業師の悲哀を演じた。

両手をついた状態の倒立姿勢から、ゆっくりと両足を曲げていき、静かにその足を下げていく。アクロバット技術を駆使したこの作品で、エンギバロフは、サーカス芸術のあらゆる要素を見る者に訴えた。（前掲書）

糸山のあとに、もうひとりモスクワのサーカス学校に留学した日本人がいる。クラウンYAMAこと山本則廣である。彼は市川のサーカスレストランでイベント担当のバイトをしていたが、仕事をするうちにクラウンに興味をもち、当時サーカスレストランで仕事をしていた糸山から基本的なことを学び、独学でジャグリングもできるようになっていた。

そんな彼だったが、サーカスレストランで働いていたアメリカやクラウンカレッジ・ジャパン出身のクラウンたちには違和感を抱いていた。「ハアーイ」と元気よく声をだしたところで「別の生き物」になる設定になっているのが、どうしてもなじめなかった。そんな時サーカスレストランにロシアのクラウンがやってくる。アリョーシチェフというこのクラウンが、レストラン内を回遊しているときに、柱のかげから食事しているグループをちょっとのぞくような仕種をしているのを見て、山本はいいなあと思う。アリョーシチェフは、「クラウンとは別の生き物なのか」という山本の問いかけに、「人だよ、クラウンは別の生き物じゃない。でも普通の人よりちょっとユーモアのある人がこの仕事をやっている」と答えた。この時山本の中にロシアのクラウンに対する親近感が生まれた。
彼もロシアのクラウンに導かれ、モスクワのサーカス学校で、ウサチョーフの指導を受けることになる。彼も先生が見せてくれるエンギバロフのビデオに夢中になる。

エンギバロフが語る、クラウンの作品とは。「実際の生活を舞台にあげることがクラウニングではない、苦しんで、苦しんで、苦しみ抜いて、出てきた自分を作品にする。生活をなぞった作品は陳腐な一枚のスナップ写真のようだ。自然界に宝石が存在しないのと同じで、生活そのままのパントマイムは存在しない。『自分』を入れなければいけない……」
なんて素敵なクラウンだろう
自分もそうありたいと誓った
（クラウンYAMAのブログ）

糸山も山本もモスクワのサーカス学校で学び、ウサチョーフの指導を受け、そこで伝説のクラウン・エンギバロフを知ることによって、エンギバロフというクラウンがつくろうとしたものをロシアから持ち帰り、アメリカ式クラウニングとはまた違ったクラウンスタイルを日本に持ち込むことになった。

ソ連から来たミミクリーチという道化師の異端児たちは、日本のクラウンたちに多大な影響を与えることになるのである。

「内面的な一番根っこの部分で、自分で作品をつくりたい、生み出したいと真剣に思いました。クラウンカレッジでは与えられたことをやって、つくられたものをどれだけ上手にできるかということが評価になっていたけど、そうじゃなくて自分でなにかやりたいと思いました。なにか作品をつくりたいとフツフツと沸き上がっていく想いは、ミミクリーチを見てからだと思います」

このように橋本早苗が語ってくれたように、クラウンとして劇場で演じる作品をつくりたいという想いを抱かせることにつながり、劇場クラウンへの道もここで拓かれることになったといえる。劇場クラウンの本格的なショーを見せたのは、ミミクリーチが公演する半年前に、同じラフォーレミュージアムで公演したディミトリーであった。

第一〇章　劇場クラウンへの道

『ディミトリーのクラウンパフォーマンス』から『東京国際フール祭』へ

一九九〇年三月、ラフォーレミュージアム原宿で『ディミトリーのクラウンパフォーマンス』の公演が行われた。三年前の『道化の世界』でソレーリと競演したディミトリーが、あの時は前半の部分しか見せられなかった『ポーター』全編を上演することになった。ACCの企画招聘事業である。

『道化の世界』で演じられなかったちいさなハーモニカを口に入れての演奏、サックスを一度に三本口に入れての演奏など、さまざまな楽器を使った曲弾き、さらには口で何個ものピンポン玉を飛ばしてはキャッチするという妙技を随所に織り込みながら、奥行きのある笑いの世界を見せてくれた。観客はディミトリーの完成されたクラウン芸を堪能した。

笑いをつくるためにディミトリーが丹念に磨きあげてきた熟練された芸を、ひとつひとつ丁寧に組み合わせ、それを笑いへ昇華させる、その奥行きの深さに、観客は感動した。ディミトリーは、クラウン芸の真髄をあますことなく見せてくれた。

この公演でクラウンという存在が少しずつだが、認められることになった。公演タイトルをクラウンパフォーマンスとしたことで、広報で苦労することになったが、クラウンという正しい呼び名にこだわったことが結果的にはよかった。

ラフォーレ原宿の担当の人とプレス回りをしていたとき、クラウンってなんですか、王冠ですか、車ですかという質問を何度も受けた。クラウンという言葉はそれだけ一般にはなじみのないものだった（広辞苑に道化師を意味する「クラウン」という項目が現れるのは、二〇〇八年刊の第六版からだ）。

日本でもすっかりおなじみとなった「シルクドゥソレイユ」日本公演の特別協賛に日産自動車がついたとき、PR会社がマスコミ各社に出したプレスリリースで、道化師をクラウンと書かないように促したのは、ライバル会社の車を気にしてのことだった。

『ディミトリーのクラウンパフォーマンス』日本公演チラシ。ラフォーレ原宿、1990

ディミトリー公演のあともACCは、世界のクラウンを招聘していく。前述のミミクリーチのあとは、イタリア美女の百面相パフォーマンスを相方が淡々

「第１回国際フール祭」プログラム表紙。2000

と弾くピアノにあわせて披露した「デュオ・アリンガ（アリンガ＆ベルドローニ）」、シニカルな笑いをシャープな動きで小気味よく見せていくイギリスの女性クラウン、ノーラ・レイなど、毎年のようにヨーロッパの名だたるクラウンを招聘し、日本に劇場クラウンの魅力を広めていく。

そして二〇〇〇年には両国のシアターXで、いままで日本公演したこうしたクラウンたちを中心に、フランス流ボケとつっこみで緻密に構成された笑いの世界をつくりあげていく「BPズーム」、イスラエルの国民的スターで、独特の表情と滑稽なしぐさのワンマンコメディーを演じたジュリアン・シャグラン、ディミトリーの娘で綱渡りの名手マーシャ・ディミトリーなど日本初来日のクラウンたちもまじえ、大規模な『東京国際フール祭』を開催し、『道化の世界』をはるかに上回る規模のクラウンフェスティバルを実施した。

ちなみにこのフェスティバルのためにつくられた実行委員会の委員長は山口昌男だった。九ヵ国一五名のクラウンたちが集まるという、日本で開催された最大規模のクラウンフェスティバルとなった。

期間中にはカナダや中国のサーカス学校の校長や、ミミクリーチの演出家クリューコフなどを集めたシンポジウム、さらにはワークショップも開催され、クラウンの世界をいろいろな視点から体感できる、画期的なフェスティバルとなった。これは東京だけで行われたフェスティバルだったが、出演者の一部は、大阪で開催されていた国立民族学博物館主催『みんぱくミュージアム劇場――からだは表現する』や梅田のHEPシアターでも公演を行った。

日本でクラウンを育てる

このフェスティバルは、世界一流の道化師たちの作品を見せるだけでなく、そのことによって日本で、本格的な劇場クラウンを目指すパフォーマーを育てる契機になった。第一回のフール祭ではあらい汎(はん)、山本光洋、さらには狂言の茂山あきらなどすでに実績のある日本人パフォーマーが出演したが（この他にプランBコメディナイトという番組で三雲いおり、ハンガーマン、重森一などが参加）、二回目は山本光洋、亀田雪人に加えて京本千恵美、水中三姉妹、芹沢智香、重森一、ふくろこうじ、三回目には三雲いおりらがソロで公演している。

このほかに毎回オムニバス公演と銘打ってひとつのショーに何人かのパフォーマーがショーケースのようなかたちで出演するコーナーをつくり、若いクラウンを目指すパフォーマーたちに機会を与えた。パフォーマーにとってフール祭に出演することがひとつの目標になっていた。これは日本でクラウンを育てようというACCの明確なビジョンがあったからである。

ACC代表の西田敬一は、日本でサーカス文化の新たな拠点をつくるために「国際サーカス村協会」を設立した。そこでのプロジェクトとして「五人囃子」という女性だけのクラウン集団を結成、ミミクリーチの演出家クリューコフに演出を依頼、第一回「東京国際フール祭」でデビューさせた。

その後五人囃子は、国内各地で公演するほかに、ウクライナでも公演している。この五人囃子のプロジェクトは、西田にとっては日本初の本格的なサーカス学校をつくるための最初の一歩となった。

西田はこのほかにもサーカス村構想の中で毎年海外から指導者を招き、ワークショップを開き、日本でクラウンやサーカスアーティストを目指す若者たちに、本格的に学ぶ場をつくり、そして二〇〇一年、群馬県勢多郡東村（現みどり市東町）に日本初の「沢入国際サーカス学校」を設立、本格的なサーカスアーティスト育成を始める。この中から海外で活躍するサーカスアーティストが何人も育っている。

「二〇〇〇年よりほぼ隔年に一回、国内外のクラウンを劇場に一堂に会したフェスティバル『東京国際フール祭』を自主事業として開催しております。海外の良質のエンターテイメントを我が国に紹介したいという願いと、クラウンがみせる人間の本質から湧き上がる可笑しさと愚かさ、そして自由な発想から、私たちも学べることがあるのではないか、という思いから、これまで五回にわたりフール祭を開催してきました。フール祭に出演したことで実力を付けていった国内のアーティストもいます。当社にとっても大切な催事の一つとして、今後も継続して行きたいと考えております」（ＡＣＣ会社案内より）

フール祭を通じて、クラウンパフォーマンスの楽しさを多くの観客に伝え、さらにクラウンやサーカスアーティストが育成されていったことで、クラウン文化が育つ土壌がつくられたといっていいだろう。

planB コメディナイト

ＡＣＣが企画招聘したクラウンの公演を見て、劇場で演ずるクラウンになりたいというパフォーマーが育っていく。彼らの多くは、クラウンカレッジ・ジャパンで学んだ若者たちだった。

クラウンカレッジ・ジャパン解散後、行き場を失った若者たちは、それでもクラウンという生き方があるのを、こうした公演で海外の一流のクラウン芸を見るなかで、学んだのだ。その若者たちが、planBというちいさなホールで、「planB コメディナイト」(通称プラコメ)というバラエティショーを始めることになった。

一九九八年三月から二〇〇一年二月まで、舞踏家田中泯が拠点としていた東京中野のちいさなスタジオ planBで、月に一回自分のつくった作品を演じたいパフォーマーたちが集まって公演をした。初回は五組から始まったが、回を重ねるごとに、出たいという出演者は増え、毎回一〇組ほどのパフォーマーが芸を競うことになった。

三雲いおり、ななな、小出直樹(のちにダメじゃん小出)、ハンガーマン、ふくろこうじ、さわめちからららは、ほぼ毎回出演していた常連メンバーでクラウンカレッジの卒業生だった。彼らはクラウンカレッジ解散後、どこかの事務所に所属することなく、アルバイトをしながら、小さなイベントや大道芸でなんとか生計を立てていた。そんななかでこのまま大道芸でやり続けていいのか、ACCが呼んできた海外のクラウンたちのように劇場クラウンになるのか、手さぐりで次に進むべき道を探しているときに、こうした場所ができたことは大きかった。

彼らは夢中になって作品をつくり、それを舞台にかけ観客の反応を見ることで、少しずつ実力を磨いていった。ジャグラー、ボードビリアン、クラウン、ひとり芝居、マイム、ダンス、マジック、コントなど、ジャンルを異にするパフォーマーたちが、どんどん集まってきた。自分がつくった作品を試す場と同時に、プラコメは競い合う場ともなった。パフォーマーたちが月に一回集まり、自分の作品を演じ、それを出演した他のパフォーマーたちが作品を批評しながら、刺激し合うことにもなった。それは次の作品をつくるうえで、大きなエネルギーとなる。『第一回東京国際フール祭』でも「planB コメディナイト」が特別に参加、三雲いおりが酔っぱらいを演じた作品は、海外の名だたるクラウンたちから称賛を受けた。

パフォーマーたちは、「コメディナイト」のあともplanBや渋谷のライブハウスで、自由に作品をつくり、発表する場を自分たちでつくり、芸を磨いていった。

マイムからクラウンへ

クラウンに近いところで創作活動をしていたパントマイマーも、劇場で演じるクラウン作品をつくりはじめる。ヨネヤマママコのもとでマイムを学んだあらい汎は、一九七六年

「ママコ・ザ・マイム」から独立し、一九七九年にはパントマイム劇団「汎マイム工房」を結成、自ら黙劇と名づけたマイムドラマ『男のヴァラード』(一九八〇)、『待合室』(一九八三)、『物置小屋のドン・キホーテ』(一九八六)を次々に発表していった。

劇団とともに汎マイム工房付属養成所をつくり、若手の育成にあたっていたが、一九九七年「パフォーミング・アーツ・カレッジ」と改称、積極的にクラウニングを指導にとりいれる。クラウンカレッジ・ジャパン出身の三雲いおりなどを講師として招き、ジャグリングやアメリカ式のクラウニングを生徒たちに教え、マイムだけでなく、クラウニングと結びつけた総合教育機関を目指した。そしてここで学んだ生徒たちが出演する『道化師芝居PARADE』という作品をつくり、学校の演劇鑑賞教室や鑑賞団体で演じるようになる。

クラウニングやサーカス芸を積極的に研究生たちに指導していく背景には、学校や鑑賞団体からクラウンやサーカスを舞台化したものを要望する声があがっていたからだろう。それだけクラウン劇が浸透してきたということだ。あらい汎は文化庁が積極的に押し進めていた若い芸術家の海外派遣に積極的に申込み、才能のある若い劇団員たちをヨーロッパの一流サーカス学校や演劇学校に送り込んだ。海外でじっくりと学んだ劇団員たちは、帰国後日本や海外でパフォーマーとして活躍することになる。

野毛大道芸フェスティバル

野毛大道芸フェスティバルといえば、いまや横浜を代表する一大イベントとなっているが、この初代プロデューサー三橋イクオは、大道芸だけでなく、マイムで活躍するパフォーマーを集めた劇場作品『イメージ・シネ・サーカス』の演出・プロデュースをし、劇場クラウンへの道を大きく拓くことになる。

演芸場やテレビ番組でパントマイムを演じていた三橋は、本格的にマイムや演劇を学ぶためにフランスに渡る。そこで大道芸やサーカスの魅力にとりつかれ、帰国後むごん劇かんぱにぃを設立、サーカス芸人たちやパントマイムによるショーを制作していく。サーカスとマイムからなるステージショーができないかということで、かつて一緒に仕事をした俳優やミュージシャン、大道芸人やパントマイマーを集めて、意見を交わしながら生まれたのが、『イメージ・シネ・サーカス』だった。

古今東西の名画やその年流行った映画をモチーフに、出演するパフォーマーがそれぞれ思いついたアイディアをもとに、三橋が演出して、ひとつのショーにしたものだ。一九八六年から渋谷のジァンジァンなどで、一六年間にわたって毎年公演されることになった。

雪竹太郎、ケチャップリンたび彦、亀田雪人、いはらつトム、本多愛也、山本光洋、高

『イメージ・シネ・サーカス』チラシ

橋修二（タカパーチ）たちが常連メンバーで、雪竹は人間彫刻で第一回静岡大道芸フェスティバルの初代チャンピオンになった大道芸のカリスマ的な存在、たび彦はチャップリンマイム、本多愛也は、数多くのテレビ番組や演劇などに客演し、マルチ的な活躍をしていた。亀田雪人はサーカスのクラウン出身、山本光洋は、田中泯のもとで舞踏を学んだあと、マイムの世界に入った。

それぞれ個性的な出演者たちが、まさに競演するこのショーは、エンターテイメント性が高い作品で、劇場サーカスやクラウン劇の楽しさを多くの観客に伝えることになった。

山本光洋と亀田雪人

『イメージ・シネ・サーカス』の常連出演者のひとりだった山本光洋は、現在日本のパントマイムのトップアーティストとなっているが、もともとは落語研究会の出身であった。

大学卒業後渡米し、ニューヨークで三年間マイムの基礎をマスターして帰国した後、舞踏家田中泯のもとで徹底した身体の根源にせまる動きを学んだ。KOYO MIME と題して、渋谷ジァンジァンで一九八九年から閉館する二〇〇〇年までの一一年間年一、二回のペースでマイムの新作を発表し続けていった。

ここで彼が目指したものはマイムライブと呼んだが、パントマイムの世界を超えるもの、笑いのドラマトゥルギーをもった作品をつくることで、クラウンの世界に近づいていった。その探求は二〇〇五年から中野 planB で「かかしになるために」と題した新作作品を一〇回上演するなかで、また現在も同じ場所で続いている「丘を越えて」シリーズで続けられている。最近は腹話術を逆転したような、つまり山本自身が人形を演じる「チャーリー山本」という作品をつくりだし、寄席やテレビなどにも出演している。彼のシャープな動きを人形に模して、操られるようにして笑いをとるこの作品は、しゃべりの部分も多いが、クラウン芸のひとつの極致までたどりついたものといっていいだろう。

クラウンの先駆者のなかで紹介した亀田雪人がキグレサーカスに入団するのは、一九八〇年八月からはじまったミュージカル『僕のピエロ』に出演するための役作りとサーカス芸を学ぶためだったことは前述したとおりである。キグレサーカスの団長から公演が終わったら、クラウンとして働いてみないかという誘いに応じ、亀田は妻と子どもと一緒に入団する。一年のつもりだったが、芸を覚えた頃にやめられるのではかなわないと言われ二年契約を結んだ。二年でやめるはずだったが、どうしても綱渡りを覚えたくて、結局四年間在籍することになる。

一緒にサーカス暮らしをしていた子どもが小学校に入学、さらに井上ひさしの劇団こまつ座の第二回公演『日本人のへそ』に出ないかという誘いもあり、未練はあったがキグレサーカスを退団する。このあと亀田は、マイムとサーカスが一体となるような児童向けのミニサーカスができないかと三橋イクオから相談を受け、自ら演出・出演する「ホロチョイサーカス」という舞台をつくり、むごん劇かんぱにぃのプロデュースで一九八七年六月我孫子での公演を皮切りに、学校や鑑賞団体を中心に、四年間五〇〇ステージを演じることになった。

その後、自分で企画、そして演出した作品をつくりたいということで、どん亀座を立ち上げる。亀田ひとりの劇団であるが、作品をつくるごとにパントマイムや芝居で共演した役者を誘い、本格的なクラウン劇ができあがった。「ホロチョイサーカス」はプロデュースしたむごん劇かんぱにぃに返して、どん亀座として新たに『キマグレサーカス』という作品をつくる。現在まで一五〇〇ステージ以上全国各地で演じられたこの作品は、児童演劇の傑作となり、クラウン劇として歴史に残るものとなった。

子ども向けにつくられているが、長年演じるなかで、技術を磨き、練りあげたものとなり、大人でも楽しめる作品となっている。ここで亀田は、サドルのない一輪車乗りを披露している。コミカルに演じているので、簡単にできるように見えるが、最初にこれを演じたツカーノフというボリショイサーカスのアーティストは、この技によってサーカスコンクールで銀賞を勝ち取ったぐらい、難度の高いものである。ボリショイサーカスでこの芸を最初に見て、これをどうしても『キマグレサーカス』のなかに取り入れたいと思った亀田は、長い時間をかけて練習し、自分のものとした。

オデッサのクラウングループ「マスキ」のリーダーのゲオルギー・デリーエフは「クラウンはワインのようなもの、何十年と演じ続けていくうちに味わいがでてくる」と語っていたのを聞いたことがあるが、亀田雪人の『キマグレサーカス』は、日本で初めてそのようなクラウンパフォーマンスとなった。亀田は七〇歳をこえた今でも、まだまだこの作品を演じ続けたいと語っている。

クラウンYAMAの『雪の日』

この章の最後に、日本で生まれた劇場クラウンの傑作作品を紹介したい。モスクワでクラウニングを学んだクラウンYAMAの『雪の日』である。

客席に現れたYAMAは、観客と輪投げ遊びを始める。客席から輪を投げてもらい、それをキャッチするというやりとりが何度か行われたあと、舞台にあがり、三つの輪を頭と両手で受けとめたところで、上手にアコーディオンとバイオリン、下手にピアノのミュージシャンが席につく。YAMAが、タクトをもってそれをふりあげたところで、暗転になる。

ゆっくり照明がつき、上手からトランクと葉っぱだけの苗木の鉢植えをもったYAMAが、寒い冬の日を思わせる風の音をバックに、ロングコートを着て、自分で頭に紙吹雪をかけながら登場する。

かじかむ手を擦っているうちに両手がくっついてしまうところから、小さなギャグが続く。ポケットからとりだしたハンカチーフが手からはなれなくなる、帽子をかぶろうとするが帽子がとんでしまいなかなかかぶれない、やっとかぶれたかと思うと指がはさまってとれなくなる、指がとれたかと思うとその指が消えてしまう、帽子を投げて頭でキャッチしようとするが、背中に落ちる、それをなんとかして頭へともっていこうとする、コートの袖から右手首が消え、出てきたと思うと左手首が消えるギャグを演じたあとYAMAは、雪に見立てまき散らした紙吹雪を床から拾い集め、丸めはじめる。

ここからちょっとしたマジック仕立てで、雪玉がボールになる、それをトランクに入れようとするが入らないという動作を続けるなかで、このボールが大きくなる。

さらにこのボールが三個になり、これをジャグリングする。ジャグリングのあとトランクにボールを戻すが、どうしても一個だけ入らない、繰り返しやっていくうちにこれが紙吹雪になって床の上に舞い、掌から青とオレンジの二片の花びらが現れる。その瞬間葉っぱだけの苗木にも赤い花が咲く。照明がそれまでのブルー系の寒色からオレンジ色に変わるなか、YAMAはロングコートをゆっくり脱いで客席を回り、また舞台に戻り、鉢植えをとりあげ、花をいとおしげに見つめるところで暗転、エンディングとなる。

雪をテーマにしたクラウンパフォーマンスといえば、世界的なヒットとなり、日本でも二度上演されているスラーバ・ポルーニンの『スノーショー』が有名だ。ラストに雪に模した何トンもの紙の塊を客席に投げ込み、観客も舞台もまさに紙吹雪に包まれる大スペクタクルとなっている。

『雪の日』チラシ

このスペクタクルとは対極的に、ひとにぎりの紙吹雪が舞台の上に舞い上がるだけなのだが、ちいさな花が出現することによって、不思議なファンタジーをかもし出している。白黒の画面が、突然カラーに変わったようなこの時、暖かさが見るひとたちに伝わっていく。観客の心にともしびが灯り、ほんのりとしたぬくもりが生まれるところに、このステージの素晴らしさがあった。「雪の日」に咲いた一輪の花は、見る者に微笑みを、そして喜びをもたらしたのだ。

この作品が最後に上演されてから二ヵ月後の二〇二〇年一一月、YAMAこと山本則廣は、胃がんのため、四八歳という若さで亡くなった。『雪の日』はクラウンYAMAのまさに白鳥の歌となった。

第二章　多様化するクラウン

クラウンカレッジ卒業生の三〇年

二〇一九年四月二一日、横浜みなとみらいの一画をカラフルな衣装と派手なメイクをしたクラウンたちが道行く人たちに愛嬌を振りまきながら行進、このあとステージにあがり、観客の注文に応じ、とびきりの笑顔でさまざまなポーズをとっていた。ステージの片隅に「クラウンカレッジ30周年」という看板が立てかけられていた。彼らは、クラウンカレッジ・ジャパンの卒業生だった。

一九九三年に会社が解散したとき、半分近くの卒業生は他の職業に転じるが、クラウンになる夢を捨てられなかった三〇人ほどの若者は、大道芸や遊園地やデパートの小さなイベントに出演しながら、なんとかエンターテイメントの世界に踏みとどまった。

この日を迎えるまでの三〇年間に紆余曲折を重ね、エンターテイナーとして生きる道を探し続けていた。

あくまでもクラウンとして活動してきたのは、秋葉知夫（トム）、入岡雅昭（ビリ）や石毛誠（まこゃん）、酒井仁（ジン）たちであった。それぞれクラウンメイクをし、赤鼻に大きな靴を履いて、演じ続けている。クラウンから大きく転身をはかりながら、クラウンとは違う芸風をつくった卒業生もいる。糸山真隆（ぽん太）は、モスクワから帰国後和妻

クラウンばかりフェスティバル。実行委員会撮影、2019

（和風マジック）を学び、さらには松鶴家（しょうかくや）千とせに弟子入りして松鶴家ぽんとなり、さらには父のあとを継ぎ住職も兼ねながら、クラウンとはまた違うエンターテイナーの道を歩んでいる。

大道芸でジャグリングを中心としたショーをつくり、一流ジャグラーのひとりとして頭角を現していた小出直樹（ネオキ）は、プラコメのために作品を試行錯誤しながらつくっていくなかで、ブラックコメディーにめざめ、独特の切り口で時事ネタトークによるスタンアップコメディーを芸風として確立、それを機会にダメじゃん小出と名乗り、寄席に出演するほか、横浜や東京、静岡、名古屋で定期的にワンマンショーを行っている。いわば手から口へと方向転換したことになる。

鎌田真弥子は、MAYAKOとしてアコーディオンを用いた音楽ショーをつくるだけでなく、初心者用のアコーディオンの教則本を出版した。

関根理恵（エリザベス）は、サーカスレストランで働いていたアメリカのクラウンと結婚し、木下サーカスで三年間働いたのち、アメリカに渡り、リングリングサーカスと契約、ここで五年間サーカス列車に乗り込んで、町から町へと巡業する生活をしながら、厳しいショービズの世界を生き抜いていった。

長野瑞代はACCが主催したワークショップに参加、そこで講師をしていたシルクドゥソレイユの演出家ギー・カロンに見出され、カナダのサーカス学校で学んだあと、海外のサーカスで働くことになった。

オープンセサミ（橋本千鶴子と高野呂音）やブーリィ・ウーリィ（関滋美と弓狩貴宣）のようにデュオを結成し、クラウンとして活躍している卒業生もいる。そのなかで音楽クラウンの道を歩んでいるのが、ましゅ&Keiである。三期生のふたりは、ギターやバンジョー、さらにはハンドベルなど楽器を巧みに使った作品を、人形劇の町として知られる長野県飯田市に居住するなかでつくり続けている。

このようにそれぞれが選んだ道のりのなかに、クラウンという職業が日本に根づく過程を見ることができるし、それぞれがたどった道のりがまた、クラウンとしての生き方の多様性をも物語っている。その生き方のひとつが、大道芸であった。

大道芸の道

クラウンカレッジ・ジャパンが解散する半年前の一九九二年一一月、大道芸ワールドカップ in 静岡がスタートした。これを契機にそれまでマイナーだった大道芸が日本中に広がっていく。当時大道芸の主役は、達者な日本語を使いジャグリングを演じた外国人パフォーマーたちだった。クラウンたちもクラウンカレッジで習ったジャグリングを取り入れたコメディーを演じたが、外国人パフォーマーたちには太刀打ちできなかった。おそるおそる大道芸をはじめたときのことをダメじゃん小出はこのように回想している。

上野と山下公園が、大道芸のメッカだったんですけど、山下公園は敷居が高かったですねえ。外人パフォーマーたちが牛耳っていたんです。俺関内の駅をおりて、山下公園に行くまで、なんども胃がキリキリ痛んで、行きたくねえなあって。なんでだろ？　いい場所へ行くと外人のパフォーマーが、ここは私が最初に来た場所って言うわけですよ、それで順番でってお願いすると、「あなた何やっているの」。ジャグラーって答えると、「ユーアージャグラー」って鼻で笑っているんですよ。悔しくて。あの時からですよ、俺の中で鬼畜米英が芽生えたのは（笑）。

考えてみたら、外人パフォーマーたちには、いろいろ勉強させてもらったというか、負けン気を養ってもらったということでは、感謝してますよ。山下だけでなく、大阪の天保山でも同じようなことに遇ったですよ。あいつら俺とたいして変わんない芸の中身で、ただ片言の日本語でしょ、あれでウケている。絶対に俺負けたくないっていうか、外人を粉砕してやろうって、そんなコメディーをつくってやる、そんな意気込みが生まれてきたんですよねえ。

（「クラウンを夢見た人たち――クラウンカレッジ卒業生のその後を追う　ダメじゃん小出は語るその1」）

いままでなじんできたクラウンメイクやクラウンのコスチュームは路上で演じるときは邪魔となる、クラウンカレッジのクラウンたちは、それぞれ試行錯誤で自分たちの独自なスタイルをさぐりながら、大道で演じるようになる。クラウンミッキーは三雲いおりに、ネオキは青空曲芸シアター小出直樹に、ケンケン（犬飼シンジ）はハンガーマンに名前を変えながら、ジャグリングを主体にしたショーをつくって大道芸で少しずつ生計を得るようになる。ハンガーマンこと犬飼シンジや小出直樹などは日本だけでなく海外の街角でも演じるようになる。

多くのクラウンたちは、大道芸をやりながら、イベントなどでも仕事をすることでエンターテイナーとして一歩一歩キャリアを積んでいくことになった。この中で、犬飼シンジ（芸名ハンガーマン）、武井実（ｋａｊａ）、川原彰は、大道芸に専念、いまや日本を代表する大道芸人となっている。彼らは路上を舞台に芸をし、それによって観客から楽しんでもらうことに生きがいを感じている。主に横浜を舞台に活躍する川原彰は路上で演じる生きがいをこう語っている。

大道芸は0からのスタート。何もない空間に、知らない者同士が足を止め、そして進行、お客さんの表情を見て雰囲気を創り、拍手や歓声をもらっての一体感。その輪の中で、拍手や歓声、笑い声を中心で浴びる気持ち良さ。本当に気持ち良く、心地良く自分を豊かな気持ちにさせてくれる。

舞台は、自分の中で答えを作って、それに向かって頑張るのですが、大道芸は何が正解かは無いと、私は思っています。失敗しても、みんな笑ってくれたらＯＫです。（中略）毎回、その時にいるお客との中で判断して決めていく。頭の中はフル回転です。

そして何より、お客と一緒につくっていく事。一人では出来ません。
(「道化師を夢見た人たち――クラウンカレッジ・ジャパン卒業生アンケート」『アートタイムズ』4号)

川原の大道芸はクラウンメイクはせずに、ジャグリングを主体に組み立てているが、観客とのやりとりの中に、クラウンのスピリットが宿っているように思える。

三雲いおりやダメじゃん小出らは、大道芸フェスティバルの企画段階から関わり、プロデューサーのような役割を果たし、大道芸イベントにはなくてはならない存在になっている。二〇二〇年のコロナ禍で、ほとんどのフェスティバルが中止になるなか、三雲たちが中心となってオンライン大道芸や、いくつかの大道芸イベントをプロデュースし、その存在感を示した。

ホスピタルクラウン

病院で長期入院している子どもたちや老人などにも笑いを届けようという、ホスピタルクラウンが日本にも生まれ、活動を続けている。

一九九九年に公開されたアメリカ映画『パッチ・アダムス』によってホスピタルクラウ

ンは日本でも知られるようになった。モデルはハンター・アダムス（パッチ・アダムス）という実在の医者で、自らクラウンとなり、ユーモアに根ざした治療を志し、無料で診察する共同体形式の病院施設ゲズントハイト・インスティチュートを設立したことで知られる。

映画ではロビン・ウィリアムスが笑いを絶やさない穏やかな医者を演じたが、実物のアダムスはなかなかエキセントリックなくせ者だった。映画が公開される前の一九九二年、アメリカのフィラデルフィアで開催された「シアター・クラウンコングレス」で、彼と会って一緒に食事をしたことがある。一緒にというよりは、たまたまこのコングレスに参加していたディミトリー夫妻と食事しているときに、アダムスが割り込んできて、ディミトリーになぜあなたはストリートで演技しないのかと喧嘩をふっかけてきたのだが……。

この時、ディミトリーは困ったような表情して、「私はストリートでクラウンを演じられないのだ」と答えていた。シンポジウムでも奇想天外なことを言ったり、行動したりと、かなり過激な人であった。

このアダムスがはじめたホスピタルクラウンを実践するクラウンたちが日本にも現れる。

クラウンカレッジ・ジャパン解散の翌九四年、名古屋でプレジャーBというクラウン養成派遣会社を立ち上げた代表の大棟（おおむね）耕介は、二〇〇四年から愛知県の病院でホスピタルクラウンとして活動をはじめる。アダムスとも交流し、二〇〇五年一一月のアダムス企画のロシアツアーにも参加し、二〇〇六年にはNPO法人日本ホスピタル・クラウン協会を設立して活動を続けている。

クラウンカレッジ三期生の塚原成幸は、アダムスとはまた別のやりかたで日本クリニクラウン協会を立ち上げた。

塚原はACCが海外のクラウンを呼んだときに、裏方で手伝いをしていた。舞台裏でクラウンの仕事を見るなかで、本格的にクラウニングをヨーロッパで学びたいという気持ちをもちはじめる。ディミトリーが何度目かの日本公演をしていたとき、彼はディミトリーの演劇学校で学びたいと直訴する。塚原の年齢は学校の規定を越えていて入学できなかったのだが、彼の強い思いと人柄に触れたディミトリーは、彼の入学を認めた。

スイスに行くための準備をしていたとき、阪神・淡路大震災が起こる。彼は放っておけなかった。すぐにボランティアとして被災地に向かい、結局そこで四年間救援活動を続けることになる。自分が一番理想としていたディミトリーのもとでクラウニングを根本から学ぼうとしていたが、それを諦めるぐらい、彼にとっては救援活動が大事だった。そしてそこで学んだことは、クラウンの自分にはもっと大事な使命があるのではないかということだった。

「阪神・淡路大震災の復興支援活動を約4年間続けてきたこと。そこで人はなぜ笑うのか?を知り、舞台以上に劇的な日常生活のリアリティを実感し、道化師として携わるべき、社会的な使命のイマジネーションを得ました」(「道化師を夢見た人たち――クラウンカレッジ・ジャパン卒業生アンケート」から)

塚原はディミトリーのようなクラウンになりたいという夢を追いかけるのをやめ、舞台という狭い世界ではなく、さらに大きな社会のなかで、クラウンとして使命を果たしたいと思うようになった。

市民クラウンの養成

クラウンカレッジ・ジャパンはアメリカ式クラウニングを短期間で学べるシステムをもっていた。これをもとにして、クラウニングの基礎を学ばせようという動きが出てきても不思議はない。クラウンカレッジが解散したあと、これを引き継ぐかたちでクラウン学校を開くのは、神戸のバナナサーカスクラウンスクールである。一億総イベント時代は終わり、長続きはしなかったが、一時的な受け皿とはなった。それだけクラウンになりたいという人たちが出てきたのである。

クラウンカレッジとは別のかたちで、クラウン育成、さらにその人材を派遣するビジネスを立ち上げたのが、ホスピタルクラウンとなる大棟耕介のプレジャーBであった。ACが招聘したクラウンの公演と同時に開催されていたワークショップに生徒を派遣し、貪欲にクラウンになるためのテクニックを学ぶようになる。

クラウンをイベントに派遣するための学校とは別に、職業としてではなく、クラウンになりたいという人たちを対象にした講座がいくつか生まれる。その代表的なものが、静岡の「市民クラウン」である。

大道芸ワールドカップin静岡は、日本最大規模の大道芸フェスティバルで、海外からの参加者も多く、いまでは世界的なフェスティバルとなっている。開催期間中、静岡市内の会場内をクラウンの格好をした人たちが、道案内をしたり、一緒に写真を撮ったり、開演を待っている観客を楽しませたりしている。これがフェスティバルの名物ともなっている「市民クラウン」である。

フェスティバルに来た人たちにもっと楽しんでもらいたいということでスタートしたこの市民クラウンは、すでに五〇〇名以上誕生し、フェスティバル開催中だけでなく、静岡市およびその周辺のさまざまなイベントや地域のお祭り、社会福祉施設などから呼ばれるなど、すっかり地域に根づいている。

市民クラウンになるためには、「大道芸カレッジ」と呼ばれる二泊三日の有料の合宿講習会に参加して、クラウンとしての基礎を学ぶことが条件となる。毎回たくさんの応募があるのは、職業ではなく趣味のひとつとしてクラウンになりたいという願望をもつ人がそれだけ増えているということなのだろう。一五年間にわたって、この市民クラウンの指導にあたったのがクラウンカレッジ一期生の白井博之である。

クラウンカレッジに入学する前に、すでにタップダンサーとして活躍していた白井は卒業後卒業生のひとりとコンビを組み、クラウンの仕事をしながら、タップとクラウニングを教える自分のスタジオをつくっていた。もともと教師になりたいと思っていた白井は教えることに情熱を傾けるようになる。バナナサーカスが神戸に開設したクラウン教室で教えるなか、一九八七年七月に、株式会社Global Entertainment-JAPAN（G・E・JAPAN）を創設、クラウニングを主体とした養成派遣学校をはじめた。

そしてクラウカレッジの同期生三雲いおりから引き継ぐかたちで、二〇〇〇年から市民クラウン養成機関「大道芸カレッジ」主任講師をすることになった。

ここで教えることで、白井は大きなことを学びとることになる。いままでクラウンになりたい、技術を覚えたいという人を対象に教えていた彼は、「大道芸カレッジ」に集まってくる受講生たちの目的が、「クラウンになること」ではなく、変身することで日常生活とは別の世界で、自由を得ることだったと知る。受講生は、会社員・教師・保育士・医師・看護師・介護士・警察官といったさまざまな、しかも責任とストレスの多い、いわば失敗の許されない職業を抱えた人ばかりだった。この人たちにとってクラウンになることは、日頃のストレスを発散することを意味していたのである。

ある時、白井はここで教えたひとりの主婦から思いもかけない話を聞く。彼女は家庭内で問題を抱えていた。夫と喧嘩が絶えず、それが子どもたちにも悪影響を及ぼし、家庭内はぎくしゃくしていた。ある日夫といい争いになったとき、「大道芸カレッジ」で習った、「トリップ」という、わざと躓(つまず)くことをやってみたら、夫が吹き出し、これを見ていた子どもたちも笑いだし、それから家族関係が潤滑にいくようになったというのだ。

クラウニングを教えることは、クラウンたちを育てることと思っていた白井は、クラウニングが家庭トラブルも解消させることができる、つまり人間関係の潤滑油になることを学んだのだ。ここから彼はクラウニングを教えるのではなく、クラウンの精神を教えようと思うようになる。クラウンの精神の核心は、逆転の発想にあった。

主婦がやったわざと躓くことはクラウンの基本的動作で、大事なことはわざと失敗することだ。失敗することで笑ってもらう、「失敗は成功のもと」である。まさに逆転の発想である。

もうひとつはのちに彼が『キャラクター・ディベロップメント』と名づけ、メソッド化していく手法である。人間だったら誰もが持っている性格的短所に注目し、それをデフォルメし、笑いをつくるものである。普通にやると悪い性格なものが、デフォルメするとコメディーになるという喜劇の基本に基づくものだ。神経質なことや潔癖症などコンプレックスに思っていたことを、クラウンのキャラクターとすることで、ひとつの魅力になっていく。

最初はクラウンになるための方法を教えようとしたが、受講生は内気でコミュニケーションに自信を持てていない人が多いのに気づき、彼らがクラウンになることで、自分を変えたい、自由に生きたいという願望があったことから、引き出した指導方法だった。

「観る人に笑ってもらえるようになると、『こんな自分で良いんだ』という安心感と肯定感が芽生えます。今までコンプレックスに思っていた部分が、実は自分の本来のチャームポイントであり、最大の魅力であることを発見するのです」（白井博之「クラウン〔道化師〕のもたらす様々な効果について」）

クラウン・アートアカデミー

その後、白井の元には、プロのクラウンを目指す人よりも、自律神経失調症やうつ病、引きこもりなどの精神的トラブルに悩まされる人々が、多く訪れるようになる。こうした活動が評価され、二〇〇三年に開設された「クラウン・アートアカデミー」大阪校の主任講師に抜擢される。

〝誰もが笑いの天使〟をキャッチフレーズに、阪神・淡路大震災で精神的なダメージを受け、引きこもりや登校拒否となった人たちの心の回復を大きな目的とし、クラウンの養成メソッドを使った性格改善などの社会的効果を目指す初めての事業ということで、当時NHKをはじめ、多くのマスコミがとりあげた。およそ二〇名の受講生がいたが、プロデューサーの意向により一年で解散となる。引き続き学びたいという受講生の希望を受け入れるために、以前東京に開いたスタジオをG・E-JAPANエンターテイメント・カレッジとしてリニューアルさせ、大阪本校と神戸校を開校した。

東京よりは大阪を拠点に活動していくことになった白井の元に、今度は知的障害者の施設でクラウン指導をしてもらいたいという依頼が舞い込む。これが世界でも例のない、知的障害者クラウングループ「土曜日の天使達」誕生へとつながっていく。

「土曜日の天使達」

二〇〇六年の障害者自立支援法導入により福祉の方向性が大きく変わるなか、社会福祉法人「かがやき神戸ぐりぃと」は法人運営に展望がもてずに不安な状況の下、障害者福祉の啓発活動の一環として、この施設を利用する人たちや職員や家族ボランティアでクラウニングを学ぶことになった。白井が指導者として招かれ、職員や家族を対象にワークショップが行われる。

ワークショップをはじめると、中心となるはずの職員たちはシャイな人ばかりで、なかなか白井の出す課題をやろうとしない。するとこの様子を脇で見ていたダウン症や発達障害の子どもたちが、白井の動きを真似し始める、それが実に面白い、職員たちも普段見ているのとまったく違う表情で、自分たちができないことをやっているのに驚く。

ここで白井は障害者の人でクラウン集団をつくる方がいいのではないかと提案する。最初は家族から、メイクさせたら肌が荒れる、さらには笑い者にするのかと反対の声があがる。障害者の反応を見て手応えを感じ、そして可能性を感じていた白井は、三ヵ月だけでもやらせてもらえないだろうかと訴える。

この白井の熱意に打たれたひとりの職員が、熱心にそして丁寧に家族を説得して、三〇人からなるクラウンチームは二〇〇六年七月、神戸・三宮の大丸前で、生演奏付で、お披露目公演を行うことになった。これが大成功。出演者、手伝った職員、見ていた家族、そして大勢の観客が、笑い、そして泣いて喜んだ。

ひとりの父兄は、自分の子どもが、自分たちがいくら走れと言っても、一度も走ったことがないのに、舞台で白井が走れというと思い切り走り出すのに、びっくり仰天した。初めて走るところを見たのだ。

なにより喜んでいたのは出演者たちだった。初めて大勢の人たちから拍手をもらったのだ、うれしくて仕方がなかった。

この日から「土曜日の天使達」は正式に活動をスタートさせる。

「土曜日の天使達」は障害のあるメンバーで構成されたクラウン（道化師）のグループです。

二〇〇六年私たちはご縁があり、クラウン・すまいるさんこと白井博之氏にクラウニングの師事を受けることとなりました。クラウンとは、ピエロのこと？ぐらいの知識しかなかった私たちでしたがすまいるさんの愉快で楽しいクラウニング講座を通じて、障害のある利用者は元気にいきいきとなりました。

二〇〇六年七月神戸大丸前で初めて披露させていただいた以降、この八年間で約二四〇回の公演をさせていただきました。現在「土曜日の天使達」は、クラウンを仕事として活動させていただいています。

障害のあることはクラウンではハンデーではありません。彼らだからこそ出来るクラウンがあるからです。メンバーの普段のやさしさ・元気さ・楽しさがパフォーマンスに表れ、多くのひとの心をなごませます。

（二〇一四年社会福祉法人かがやき神戸・ぐりぃと『土曜日の天使達』案内より）

かがやき神戸事業責任者山本喜代己氏は、同じ案内の中で次のように書いている。

私たち障がいのあるメンバーがクラウンとして5年ものあいだ活動してこれたのは、単に道化師は演じるだけのことではなく、自分自身の長所・短所を含めてデフォルメしたキャラクターをつくることが出来たからだと思っています。クラウンとは、役を演じるのではなくそのままの自分を見せることなのかもしれません。背伸びをすることもカッコつけることもなく、その人の中にあるそのままをキャラクターとして活かすことにあるのです。

障がいの重い軽いは問題ではありません。しいていえば、各々の持っている個性や面白さを、どのようにして活かすかによりクラウンとして十分存在感を発揮できるのです。

白井が実践したなかで、つかんだ「クラウンの精神」、逆転の発想から生まれたこの障害者クラウン集団は、現在もプロの劇団として活動を続けている。二〇〇六年のお披露目公演の時に還暦近かったメンバーは引退したが、残りのメンバーの三分の二は現在でも活動を続けている。

彼らは、毎朝施設にやってきて、自主製品づくりや地域の請負いの清掃作業などをこなし、午後はほぼ毎日クラウンの練習を行い、月に何回かは白井をはじめとしたクラウン講師の指導を受けている。いまでは地域でのお祭りやパーティー、福祉施設や学校をはじめとし、関西のみならず、東京、愛知、福岡など、全国各地のイベントにも参加するようになった。東京での児童演劇フェスティバルにも二度参加している。

障害のある人達には、苦手なことがたくさんあります。話しをすることが難しかったり、相手が何をしたいのか汲み取ることが苦手だったり、コミュニケーションが不得意な人もいます。そんなメンバーにとってクラウニングは目でみて体験する、とても分かりやすい取り組みです。私たちはそんな活動を通して、かがやき神戸の「土曜日の天使達」だからこそできるクラウンを白井先生とともに目指しています。

（前出案内より）

好きな仕事に出会えた「土曜日の天使達」はいまでも元気に前に進んでいる。そして白井も、クラウンの精神を伝え続けている。

クラウンのパフォーマンスは、おっちょこちょいで転んでみたり、芸を失敗することによってお客様に笑って頂き拍手を頂くという、言わば『失敗が評価される』という大変興味深い特徴を持っております。それは、人の短所や欠点など『ダメ』なところにこそ、その人の魅力的な個性や人間味が溢れているからだと思うのです。本講座の中でご自身の欠点やコンプレックスとしっかりと向き合い、クラウン流に明るく笑い飛ばすことによって、より自分らしい魅力を再発見するお手伝いをさせて頂きます。

（白井前掲書）

All for You,it's my pleasure.（すべてはあなたのため、それが私の喜びです）。

これはクラウンカレッジが掲げていた理念だった。クラウンカレッジの卒業生たちは、いつもこの言葉を胸に抱きながら、観客と向き合っていた。「心からのおもてなし、クラウンの笑い、愛、まごころが人々の心に灯を点し、新しい文化を育てる」というクラウンカレッジ創立時に掲げられた理想を、彼らは決して忘れることはなかったのである。

クラウンの基本は人々を楽しませることである。人を笑わせること、楽しませること、そしてその先に喜びをもたらすこと、これがクラウンの最大の使命なはずである。このために芸を磨き、自分を磨く、それを表現する場が、サーカスなのか、劇場なのか、ストリートなのか、病院なのか、福祉施設なのか、それはそこで生きる人が自分で決めることである。ただかつてサーカスで人を笑わせることが自らを貶める、そして恥ずかしいと思ったことは遠く過去のものとなり、人を楽しませることが誇りと思えるようにまでなってきたことは間違いない。人々が共に笑い、笑わせ合う関係というのはとても素晴らしいことである。

人々が共に、生きる、笑わせ、笑う、喜ばせ、喜ぶ、この関係をつくることが人間として、社会としてとても大事なことになっている。その時笑いの、喜びの演出家となるのがクラウンなのだ。

日本で本当の意味でサーカスや舞台にクラウンが登場して、まだ五〇年も経っていない。やっと日本の大地に蒔(ま)かれたクラウンという種が芽をふきだしたばかりだと言っていいかもしれない。この芽がどう育っていくのか、そして日本の中にどんなクラウン文化がつくられていくのだろうか。

エピローグ

二〇一七年四月、私はウクライナ共和国第三の都市オデッサで開かれた第七回国際マイム・クラウンフェスティバル『コメディアーダ』に審査員として参加した。

このフェスティバルは、クラウン劇団『マスキ』の主催で、二〇一一年からはじまったものだ。『マスキ』はオデッサを拠点に、ソ連時代から舞台や映画、テレビで活躍している人気クラウン集団で、日本にも二度来日している。マスキ代表で、クラウンのゲオルギー・デリーエフは、二〇〇三年に自分たちの劇場「クラウンの館」をオープンしてから、ここで国際的なクラウンフェスティバルを開催することを夢見ていた。市当局や文化省と交渉を重ね、四月一日エイプリルフールに合わせて大々的に開かれている、オデッサ最大の祭典『ユモリーナ』のメインイベントにすることで、『コメディアーダ』がスタートした。

市民のなかにすっかり定着していったのだが、二〇一四年にロシアとの戦争が勃発するなか、『コメディアーダ』は存亡の危機に面する。『ユモリーナ』も中止になり、参加予定の出演者からキャンセルの申し出が相次ぎ、開催は無理と判断、中止を発表した。それを聞いた市民が劇場に押し寄せる。戦争騒ぎで暗い毎日を過ごしている、こんなときこそオデッサは笑いを求めている、今年もやってくれと開催を求めてきたのだ。

フェスティバルのプロデューサーのデリーエバは、「本音を言えばやめたかった。でも私たちはクラウンよ。皆が笑いたいと言っているのに、できないなんて言うのはクラウンじゃないでしょ」と開催に踏み切った当時を振り返っている。

サンクトペテルブルグで開催された文化フォーラムサーカスセクションに招待された私は、一〇年ぶりにミミクリーチと五人囃子の演出家クリューコフと再会した。

このとき彼は自分が芸術監督をしている『コメディアーダ』について熱く語った。この話を聞いて、戦争の最中にも開催されたこのフェスティバルにおおいに関心を持った。古くからの友人クリューコフが芸術監督、そして『マスキ』日本公演のときからの知り合いのデリーエフが代表をしているフェスティバル、これも何かの縁ではないか。審査員・出演者とも旅費は自己負担ではあったが、参加することにした。

世界各国から集まったクラウンが自分たちがつくった作品を競い合うコンペテション、マスキをはじめとしたゲストの公演、若いパフォーマーたちのためのワークショップやセミナー（私も日本の笑いについて講演させられた）、ユモリーナのパレードへの参加、笑いに満ちた四日間で、かつて一緒に仕事をしたクラウンたちとの再会、クリューコフやデリーエフとも旧交を温めることができた。そしてチャップリンの息子ユージーン・チャップリンや世界各国から集まってきた審査員たちともクラウンについて意見交換でき、とても愉しく笑いに満ちた、そして有意義な時を過ごすことになった。劇団員、さらにはその家族、ボランティアなどがスタッフとなって、このフェスティバルを運営している。そんな情熱とぬくもりもひしひしと伝わるフェスティバルだった。

この四日間で私はしばし忘れていたクラウンの世界を一挙に取り戻すことができた。そしていままで見たことのない強烈なクラウンパフォーマンスによってうちのめされることになる。

この年の『コメディアーダ』の特別ゲストはスペインからやって来たレオ・バッシー、有名なサーカスファミリーの六代目にあたる、ヨーロッパを代表するクラウンだ。いろいろなクラウンの演技を見てきたが、バッシーのショーはそのどれとも違っていた。

彼のすごいところは客を自在に操るところにある。客のひとりを舞台にあげ、催眠術をかけ、最後にその客が自分の顔にパイをぶつけるというネタを四〇分以上かけて演じたのだが、我々はこの間腹を抱え笑い、そして見事にだまされていった。最後にバッシーはこ

レオ・バッシー。コメディアーダ実行委員会提供

の客がさくらであることをばらす、ここでまた大きな歓声があがった。だまされる快感を十分味わうことができた。

最終日に彼が演じたのは十八番のひとつ「ハチミツ」、これは舞台上で一リットル以上の本物のハチミツを頭からかぶり、そのあと白い羽根をふりかけるというだけのネタである。「クラウンは天使」と彼が言ったところで、なぜか涙がこぼれてきた。彼が本当の天使のように見えたのだ。ハチミツでどろどろになり、足を滑らせながらなんとか立っているその姿がどれだけ美しかったことか。長年追い求めてきた「クラウンとは何？」という問いへの答えを得たような気がした。「クラウンは天使」なのである。

「天使は神と違って完璧ではない、ただ喜びは与えることができる」とも言っていた。笑いを分かち合うことで人に幸せを与える、そのためにクラウンはハチミツをかぶったのだ。
戦争の最中に笑いを求めた市民、そしてそれに応えることが使命だと受けとめたマスキ、その志を知ってここにやって来た世界中のクラウンたちと一緒に過ごしたオデッサでの四日間、クラウンの大いなる可能性を知ることになった。多民族からなるオデッサ市民の知恵、それは宗教も違えば考え方も違う、原理原則を貫けば衝突はさけられない、そんな時必要なこと、それがおどけることであった。冗談を言い合って笑えばいいんじゃないかということだった。クラウンたちがこの街で思い切りふざけ合うなかで、道化師たちの笑いで世界を変えることができるかもしれないという気にさえなってきた。

日本に戻ってからこのフェスティバルのことをたくさんの人に知ってもらいたいと思った。特にクラウンたちに知ってもらいたかった。

いろいろな機会を通じて『コメディアーダ』について話をしているなか、クラウンカレッジ一期生の三雲いおりとななな（橋本早苗）が関心を示した。三雲はビデオを見て、世界にこういうバカなことをやって楽しんでいる人たちがいるのを見てうれしくなったと語る。この人たちと一緒になりたい、そして自分がつくってきたものを見せたい、三雲は翌年の『コメディアーダ』に参加、以前プラコメで何度か演じた「酔っぱらい」を披露した。

いろいろな酔っぱらいに扮し、脈絡のない話をグダグダしゃべるネタで、しゃべくりの内容もおかしかったのだが、その酔っぱらいぶりは見ただけでも楽しめた。第一回の東京国際フール祭に特別参加したプラコメのショーでこれを見た海外のクラウンたちは、大笑いした作品だった。

式典でスピーチをする予定の男が、緊張のあまりスキットルに入れた酒を飲んでいるうちに酔っぱらい、順番がやってきたときは、完全に出来上がっている。あげくはゲロまで吐き、話す内容を書いた紙で口元を拭いてしまい、おろおろして、最後に「スパシーバ」と言ってはけるという流れだった。

酒を最初に一口飲むところでクスクス笑いが客席から聞こえてきた。足もとがふらふらして、いまにも倒れそうなところで、起き上がりこぼしのように起き上がるという、酔っぱらいの演技がはじまると、場内は盛りあがってきた。徐々に酔っぱらいぶりがヒートアップしてくる、それは三〇年間の芸人生活のすべてを賭けての渾身の演技、鬼気せまる酔っぱらいぶりだった。最後、「スパシーバ」と初めて声を出したとき客席から大きな拍手が巻きおこった。そして彼はフェスティバルの準グランプリといってもいい演技賞を受賞することになる。

彼は世界の舞台で大きな評価をもらったこともうれしかったが、フェスティバル期間世界各国から集まってきたクラウンたちと一緒に過ごせたことに喜びを感じていた。世界の仲間とつながったことがうれしかったのだ。彼は自分だけでなく、日本のクラウンともこの喜びを分かち合いたいと思った。

いつも大道芸で世話になっている横浜大道芸のプロデューサーと相談、横浜の石川町にある小さな会場で、石川町コメディアーダというイベントを企画した。これは自分たちの作品をつくってここで演じ、その中でみんながいいと思った作品を演じたひとりをオデッサに送り込もうというものだった。第一回目はななながが行くことになった。

演技賞を受賞した三雲いおり。筆者撮影、2018

二〇一九年の『コメディアーダ』に参加したななは、緻密に構成されたクラウン作品をつくり、高い評価を得た。シルクドゥソレイユのスカウトマンや一昨年のグランプリ受賞者たちから絶賛され、特別賞を受賞する。自分たちがつくってきた作品を世界の舞台でかけてみて、そして世界のクラウンとつながっていくということを、スポンサーの手を借りず、自分たちの力でやろうとしたことで、間違いなく本家となるオデッサのコメディアーダとつながったといえよう。

クラウンの道は長く、果てがない。それでもその道を歩こうとするクラウンたちが日本にも生まれてきている。それは人を喜ばすことをなによりも楽しみにして生きる道を選んだ者たちである。彼らの歩みがクラウンへの道であり、そしてその道を追ってまたクラウンを目指す者たちが歩いてくる、その道のりがクラウンの道であり、そして生き方なのである。クラウンとは生き方なのである。

日本で有数のお笑いタレントを抱える会社のプロデューサーと話していたとき、「日本にクラウンは必要ないのではないか」と言われ、ドキッとしたことがあった。笑いをつくる現場で長年働いてきただけでなく、ディミトリーやミミクリーチも見て、その他にも海外のサーカスやクラウンのショーを数多く見てきている人なので、クラウンがどんな芸能か、十分に理解したうえでの発言である。

真意としては、クラウンという西洋的な笑いの世界は、日本になじまないのではということがあったと思う。日本には漫才やコントがあって、落語もある。それに比べたらクラウンは、日本人にはなじみづらく、メジャーになれない、クラウンでスターになる日本人が出てくるとは思えないと主張するところに、日本の笑いのビジネスの現場の最先端にいる人間ならではの見立てがあったのだろう。

しかしショービジネスの中でメジャーにはならなくても、クラウンは必要なのである。あの時ははっきりとそう答えられなかったが、いまははっきりとそう言える。

漫才で、お笑いのスターは、何人も生まれている。クラウンとして日本で、同じようにスターが生まれるだろうか。それはないとはいえないが、可能性は低いと思う。なぜならお笑いのスターは、テレビというメディアが生み出すものだ。それに対してクラウンは、テレビというメディアではその良さが伝わらない。クラウンの活動の場は、あくまでもライブステージであり、そこでの観客との交流から、笑いをつくりだすものである。その意味でもメジャーになる可能性は低いといえる。

ただスターもいらないし、メジャーにならなくても、クラウンが必要なのは、クラウンの使命が、ただ人を笑わせるためだけにあるからではない。笑いの向こうに、喜びや希望を届けることにあるからだ。コロナ感染が世界中に蔓延しているなか、人類が生き延びるためには、共生が何よりも必要とされているはずで、そのために知恵を出し合うべきときなのに、世界は分断されたままである。自分だけがよければいい、共生ではなく、隔離へと向かっているような気にさえなってくる。そんな時代だからこそ、クラウンが必要なのではないだろうか。いままで日本のクラウンたちが模索を繰り返しながら求めていたこと、それは笑いの先にあるもの、喜びや希望をみんなに届けようとする想いだったはずである。

四五年以上にわたってクラウンを描き続けた岡部文明が、晩年に描き続けた「CIRCUS BOKABE 劇場」と題されたシリーズがある。どの絵でも、サーカスで生きる人たちや動物たちが、みんな和やかに、穏やかに、幸せそうに笑みを浮かべている。こうした絵の真ん中には大きくクラウンが描かれていた。クラウンがこの楽園のような、みんなが仲良く生きている世界を守る守護神のようにも見える。この絵について岡部はこんなことを書いている。

「サーカスの中でひとつのテントの中で繰り広げられるパフォーマンスこそが、共存、共生という、人間の理想の形があるようにも思いますし、私が描く世界はここからイメージが自然に展開していったと思います」

岡部が描いた共生の場、理想を分かちあえる場をつくるために、いま必要なのは For You と思いやる気持ち、そこから始まるような気がする。そのためにいまクラウンが必要とされているのではないだろうか。

最後にソ連のクラウン、エンギバロフが遺した言葉を紹介したい。

クラウン

これは職業ではない
これは世界観なのだ
私は人々に喜びや微笑み
そして悪にうちかつ善への信頼をもたらすのだ

参考文献

プロローグ

尾崎宏次『日本のサーカス』三芽書房、一九五八

林達夫・久野収『思想のドラマトゥルギー』平凡社、一九七四

大島幹雄『サーカスと革命――道化師ラザレンコの生涯』平凡社、一九九〇

『別冊新評 サーカスの世界〈全特集〉』新評社、一九八一

第一章

ウィリアム・ウィルフォード『道化と笏杖』晶文社、一九八三

大島幹雄「道化師群像――サーカスの道化史」『別冊新評 サーカスの世界』新評社、一九八一

大田黒元雄『大西洋そのほか』第一書房、一九三二

ポール・ブーイサック『サーカス――アクロバットと動物芸の記号論』せりか書房、一九七七

上原木呂『ピエロの必笑術――愉快！　アイデアブック』主婦と生活社、一九八三

第二章

石毛直道「クラウン」日本経済新聞（二〇〇〇年四月四日）

イーニッド・ウェルズフォード『道化』晶文社、一九七九
田之倉稔『ピエロの誕生』朝日新聞社、一九八六
J・スタロバンスキー『道化のような芸術家の肖像』新潮社、一九七五
野田宇太郎『パンの會』(三笠文庫)三笠書房、一九五二
堀口大学『月光とピエロ』
堀内敬三『ヂンタ以来』(復刻版)音楽之友社、一九七七
大場ひろみ・矢田等『チンドン——聞き書きちんどん屋物語』バジリコ、二〇〇九
上島敏昭「大正〜昭和初年のピエロ」『サーカス学』創刊号、サーカス学会、二〇二〇
多喜健一『世界一動物園とサーカスの見方』大日本拳闘会大阪事務所、一九三三

第三章

三隅治雄「日本の道化」『悲劇喜劇』(一九七三年五月号)
郡司正勝『かぶき——様式と伝承』学芸書林、一九六九
歌舞伎草紙の図版 https://bunka.nii.ac.jp/heritages/detail/202783/2
山本ひろ子・宮嶋隆輔編、乾武俊選集『民俗と仮面の深層へ』国書刊行会、二〇一五
鏡味仙三郎『太神楽——寄席とともに歩む日本の芸能の原点』原書房、二〇一九
北川央『神と旅する太夫さん　国指定重要無形民俗文化財「伊勢大神楽」』岩田書院、二〇〇八

第四章

伊坂梅雪『五代目菊五郎自伝』先進社、一九二九
阿久根巌『サーカスの歴史——見世物小屋から近代サーカスへ』西田書店、一九七七
HP『見世物興行年表』
中勘助「チャリネ」、角川書店『中勘助全集』第二巻、一九六一
『企画展　馬のサーカス・大曲馬』馬事文化財団、二〇〇九
『見世物関係資料コレクション目録』国立民俗博物館、二〇一〇
河合勝・長野栄俊『日本奇術文化史』日本奇術協会、二〇一六
青木深『めぐりあうものたちの群像——戦後日本の米軍基地と音楽 1945-1958』大月書店、二〇一三

第五章

図録『道化たちの詩（ポエム）日本近代美術における〝道化〟』北海道立三岸好太郎美術館、一九九七
田中穣『三岸好太郎』日動出版部、一九六九
図録『上海の絵本——中国モダン都市の詩』北海道立三岸好太郎美術館、一九九〇
大島幹雄『明治のサーカス芸人はなぜロシアに消えたのか』祥伝社、二〇一三
メリホフ『満州遠きもの近きもの』（Melikhov,G.V "Manjchzhuriya dalekaya i blizkaya"）モスクワ・ナウカ、一九九一
ジョルジュ・ルオー『サーカス道化師』青幻舎、二〇一二
大衆娯楽雑誌ヨシモト（復刻版、全二十三冊）吉本興業株式会社、一九九六

岡部文明『ピエロよ永遠に』朝文社、一九九〇
岡部文明『ピエロの画家――魂の旅路』小学館、二〇一三
長沖一『上方笑芸見聞録』九藝出版、一九七八

第六章

東京喜劇研究会編『エノケンと〈東京喜劇〉の黄金時代』論創社、二〇〇三
澤田隆治『永田キング』鳥影社、二〇二〇
ヨネヤマママコ『砂漠にコスモスは咲かない』講談社、一九七七
草鹿宏『翔べイカロスの翼』一光社、一九七八
宇根元由紀『サーカス放浪記』岩波新書、一九八八

第七章

『悲劇喜劇』「特集・道化」早川書房（一九七三年五月号）
『ユリイカ』「特集道化」青土社（一九七三年六月号）
山口昌男『道化的世界』筑摩書房、一九七五
山口昌男『道化の民俗学』新潮社、一九七五
P・ラディン、K・ケレーニイ、C・F・ユング『トリックスター』晶文社、一九七四
ミハイール・バフチーン『フランソワ・ラブレーの作品と中世・ルネッサンスの民衆文化』せりか書房、一九七四

イーニッド・ウェルズフォード『道化』晶文社、一九七九
ウィリアム・ウィルフォード『道化と笏杖』晶文社、一九八三
S・ビリントン『道化の社会史』平凡社、一九八六
ジャクソン・I・コープ『魔のドラマトゥルギー』ありな書房、一九八六
コンスタン・ミック『コメディア・デラルテ』未來社、一九八七
アラダイス・ニコル『ハーレクィンの世界――復讐するコンメディア・デッラルテ』岩波書店、一九八九
ポール・ブーイサック『サーカス――アクロバットと動物芸の記号論』せりか書房、一九七七
エキプ・ド・シネマ15『フェリーニの道化師』岩波ホール、一九七六
フェデリコ・フェリーニ『私は映画だ――夢と回想』フィルムアート社、一九七八
『道化の世界』公演プログラム、セゾン劇場、一九八七
『花王名人劇場』プレゼンツ・ワールド・クラウン・フェスティバル・パリ・パンフレット、一九八七

第八章

大島幹雄「クラウンを夢見た人たち――クラウンカレッジ卒業生のその後を追う　第一回　ダメじゃん小出は語る」
（HP『デラシネ通信』http://deracine.fool.jp/circus/studies/z_college/index.htm）
大島幹雄「『道化師の変容――「クラウン・カレッジ・ジャパン」を訪れて』（『悲劇喜劇』一九九〇年二月号）
「澤田隆治プロデューサー一代記3　博覧会とテーマパーク」（『論座』二〇〇八年九月号、朝日新聞社）

第九章

松鶴家ぽん『ぽんさん坊さんわが道を行く！』イースト・プレス、二〇一〇

大島幹雄「エンギバーロフの道化とミミクリーチ」『ミミクリーチ』公演プログラム、ACC、一九九一

大島幹雄『〈サーカス学〉誕生——曲芸・クラウン・動物芸の文化誌』せりか書房、二〇一五

第一〇章

あらい汎『パントマイムの心と身体——白塗りの道化師』晩成書房、二〇一一

Ikuo 三橋『サーカス芸入門』大月書店、一九九八

第一一章

「アートタイムズ」第4号「特集 道化師（クラウン）が日本にやってきた！——クラウンカレッジ・ジャパンから20年」デラシネ通信社、二〇〇九

寺嶋純子編『つかはらしげゆき×パックマン 山の道化師PACKMANと笑っていこう』オフィス・エム、一九九九

【著者】
大島幹雄（おおしま みきお）
1953年宮城県生まれ。早稲田大学第一文学部露文科卒業。ノンフィクション作家、サーカス学会会長。石巻若宮丸漂流民の会事務局長、早稲田大学非常勤講師も務める。著書に『海を渡ったサーカス芸人——コスモポリタン沢田豊の生涯』（平凡社）、『虚業成れり——「呼び屋」神彰の生涯』（岩波書店）、『満洲浪漫——長谷川濬が見た夢』（藤原書店）、『〈サーカス学〉誕生——曲芸・クラウン・動物芸の文化誌』（せりか書房）、『明治のサーカス芸人はなぜロシアに消えたのか』（祥伝社）などがある。

平 凡 社 新 書 9 7 4

日本の道化師
ピエロとクラウンの文化史

発行日——2021年5月14日　初版第1刷

著者———大島幹雄
発行者——下中美都
発行所——株式会社平凡社
東京都千代田区神田神保町3-29　〒101-0051
電話　東京（03）3230-6580［編集］
東京（03）3230-6573［営業］
振替　00180-0-29639
印刷・製本—株式会社東京印書館
装幀———菊地信義

ISBN978-4-582-85974-4
NDC分類番号779.5　新書判（17.2cm）　総ページ248
平凡社ホームページ　https://www.heibonsha.co.jp/